EL ARTE DE VENDER MÁS

La psicología triunfadora del vendedor

EL ARTE DE
VENDER MÁS

La psicología triunfadora del vendedor

William Walker Atkinson

 MESTAS EDICIONES

PROYECTO
METACRECIMIENTO
Desarrollo Personal y Empresarial

© MESTAS EDICIONES
Avda. de Guadalix, 103
28120 Algete, Madrid
Tel. 91 886 43 80
E-mail: info@mestasediciones.com
www.mestasediciones.com

Título original: *The Psychology of Salesmanship.*
© Derechos de Traducción: Mestas Ediciones

ISBN: 978-84-18765-45-2
Depósito legal: M-2251-2023
Printed in Spain - Impreso en España

Primera edición: *Marzo, 2023*

INTRODUCCIÓN

William Walker Atkinson fue un prolífico escritor, editor y conferenciante estadounidense de finales del siglo XIX y principios del siglo XX. Nació en Baltimore, Maryland en 1862 y falleció en 1932. Durante su carrera, escribió y publicó varios libros sobre psicología, autoayuda, filosofía metafísica y, sobre todo, manuales sobre cómo conseguir el éxito personal y profesional. Entre sus obras más destacadas se encuentran *La ley de la atracción*, *El poder de la concentración* y este volumen que tienes ahora mismo en las manos, *El arte de vender más. La psicología triunfadora del vendedor*.

Atkinson desarrolló a lo largo de toda su carrera la idea de que nuestros pensamientos y creencias determinan en gran medida las metas que alcanzaremos en la vida. Por ese motivo creó un sistema de superación que experimentó consigo mismo, lo cual le reportó beneficios casi inmediatos en cuestiones de salud y dinero. Pero también escribió bajo varios seudónimos, que incluyen Yogi Ramacharaka, Theron Q. Dumont y Theodore Sheldon. Utilizó estos alias para centrarse en la escritura de temas esotéricos, yoga y metafísica mística.

El arte de vender más, uno de los mejores escritos que nos dejó este autor, es un libro que analiza la psicología que subyace en el éxito de las ventas. Es una guía perspicaz y completa sobre el comportamiento y la psicología de los vendedores de éxito. Este manual profundiza en temas como la identificación de las necesidades del cliente, el desarrollo de una actitud positiva y la comprensión de la dinámica de las relaciones humanas. También ofrece consejos prácticos sobre cómo estructurar un discurso de ventas eficaz y establecer relaciones duraderas con los compradores. Atkinson se centra en exponer el modo de desarrollar las cualidades mentales que poseen los grandes vendedores, como la concentración, el entusiasmo, la imaginación y el valor.

A lo largo de estas páginas utiliza ejemplos didácticos de la vida real, de un valor incalculable, para ilustrar sus observaciones y respaldar sus afirmaciones.

Esta obra resulta ideal para quienes deseen desarrollar sus aptitudes de venta y aumentar su éxito empresarial. Mediante el análisis de los aspectos psicológicos, los lectores comprenderán mejor qué es lo que realmente motiva a los consumidores y cómo se pueden establecer relaciones sólidas con ellos. También recibirán valiosos consejos sobre cómo construir argumentos únicos para hacer que sus productos destaquen entre los de la competencia y poder triunfar de este modo en los negocios.

Si tuviésemos que destacar las principales enseñanzas que este manual didáctico te dejará tras su lectura, destacaríamos las siguientes:

- Descubrirás la importancia de comprender la **naturaleza humana** y la colosal influencia que esto puede ejercer en los clientes.

- Verás que un vendedor (un buen vendedor) debe tener **confianza en sí mismo** y ser optimista cuando se acerca a los clientes potenciales. Eso es algo que se consigue con tiempo y práctica.

- Repasarás distintos métodos para crear una **actitud mental positiva** hacia la venta.

- Un lema que te llevarás grabado a fuego es el siguiente: **Tu mente debe ser el motor, tu entusiasmo, la gasolina**.

- Es de suma importancia saber leer el lenguaje corporal de las personas para determinar su **estado de ánimo**. Esto te abrirá un abanico de posibilidades a la hora de abordar a los clientes potenciales.

- Aprenderás a escuchar activamente para captar **la atención** de los compradores.

- Asimilarás de qué manera se pueden fijar **objetivos alcanzables** y planificar el éxito de las reuniones con antelación.

- Tendrás una idea básica del uso de un lenguaje adecuado al comunicarte con los clientes potenciales.

- Leerás consejos para ganarte la confianza de los compradores, con el fin de obtener su **lealtad**.

- Recordarás la importancia de analizar los comentarios que te hagan y utilizarlos como fuente de mejora.

- Pondrás en marcha trucos para **«cerrar ventas» rápidamente** y salir sin prisa, pero sin pausa, a por tu siguiente objetivo.

- Por último, te animará a tener un comportamiento inteligente para **aprender de los fracasos** y verlos como una oportunidad de crecimiento.

En cualquier caso, quédate con la idea fundamental de que **cada día, cada cliente y cada operación serán una nueva ocasión de mejora en el arte de vender más**.

El editor

CAPÍTULO I
LA PSICOLOGÍA EN LA EMPRESA

Hasta hace pocos años, la sola mención de la palabra «psicología» en relación con los negocios solía ser recibida con un encogimiento de hombros, un significativo arqueo de cejas y un cambio de tema. La psicología era un tema con sabor a clases universitarias, o bien se pensaba que de alguna manera tenía que ver con el alma, o que posiblemente estaba relacionada con los fenómenos paranormales generalmente denominados como «psíquicos». El hombre de negocios medio suele huir con extraordinaria rapidez de todo aquello que, por definición, incluiríamos en el concepto de «psicología».

Pero ha llegado un cambio. En los últimos años, los emprendedores han oído hablar mucho de la psicología en los negocios, e incluso es posible que hayan leído algo sobre el tema. El emprendedor ahora entiende que **psicología significa «la ciencia de la mente»** y que no es necesariamente lo mismo que la metafísica o el «psiquismo». Se ha dado cuenta de que la psicología desempeña un papel muy importante en los negocios y que vale la pena familiarizarse con sus principios fundamentales. De hecho, si ha reflexionado lo suficiente sobre el tema, habrá visto que:

Todo el proceso de venta, ya sea una venta directa o mediante publicidad, **es**

esencialmente un proceso mental que depende del estado de ánimo provocado en el comprador, y los estados de ánimo son inducidos únicamente gracias a ciertos principios establecidos en la psicología. Tanto si el vendedor como el anunciante se dan cuenta de ello como si no, están empleando principios psicológicos para atraer la atención, despertar el interés, Inducir el deseo y mover la voluntad del comprador hacia sus productos.

Las mejores autoridades en materia de ventas, *marketing* y publicidad reconocen ahora este hecho y lo destacan en sus escritos. George French, en su *Arte y Ciencia de la Publicidad*, dice con respecto a la psicología en la publicidad que «podemos descartar esa palabra rara llamada psicología, y simplemente reconocer que podemos vender cosas a un cliente más fácilmente si conocemos «a ese sujeto». No podemos conocer personalmente a todos aquellos a quienes queremos vender productos. Por lo tanto, debemos considerar que **hay ciertas formas de pensar y de actuar que son comunes a todo el mundo**, o a una gran masa.

Si podemos descubrir las leyes que rigen la acción de las mentes de las personas, **sabremos cómo apelar a esas personas**.

Sabremos cómo apelar a Smith porque conocemos a Smith. Sabremos lo que complacerá a Brown porque conocemos a Brown. Sabremos cómo salirnos con la nuestra con Jones porque conocemos a Jones. **Lo que el anunciante debe saber es cómo llegar a Smith, a Brown y a Jones sin conocer en persona a ninguno de ellos.**

Aunque cada persona tenga sus propias peculiaridades, y aunque cada mente tenga su método particular de tratar con los hechos de la vida, cada individuo y cada mente están controlados, en un sentido amplio y en gran medida, por predilecciones y procesos mentales establecidos antes de que esa persona viniera a este mundo, siendo operados de una manera separada de su carácter.

Nuestras mentes son más automáticas y mecánicas de lo que estamos dispuestos a admitir. Lo que llamamos de forma vaga la mente es, en gran medida, la expresión automática de tendencias controladas por condiciones físicas totalmente ajenas a motivos o a cualidades intelectuales o morales conscientes.

Las condiciones físicas y psíquicas, así como su conocimiento, son utilizados constantemente por los publicistas. Para ellos **constituye la base de ese nuevo conocimiento que a algunos les gusta llamar psicología** en lo que concierne a la publicidad.

El señor French ha expresado bien la idea del importante papel que desempeña la psicología en los negocios. Como es natural, lo que dice es tan aplicable a la venta personal como a la realizada a través de anuncios. Los mismos principios están presentes y operan en ambos casos.

Para que el lector se haga una idea más precisa del funcionamiento de los principios psicológicos en la venta de mercancías, citaremos algunos casos particulares en los cuales estos principios han entrado en acción. Cada lector podrá asociar dichos casos con muchos hechos similares que él conozca una vez que hayamos explicado bien este asunto y pongamos ejemplos.

El profesor Halleck, una reconocida autoridad mundial en psicología, dice:

«Los hombres de negocios creen que la capacidad de captar la atención es a menudo el secreto del éxito en la vida. Se pagan sueldos astronómicos a las personas que son capaces de escribir anuncios atrayentes que fascinan y llaman realmente la atención.

Un editor comentó en cierta ocasión que solo había vendido cinco mil ejemplares de una obra excelente simplemente porque no había logrado captar la atención de la gran mayoría, y que se podrían haber vendido veinticinco mil ejemplares en el mismo tiempo si los agentes comerciales hubiesen acertado a la hora de captar la atención del público.

Los farmacéuticos dicen que cualquier tipo de medicamento patentado puede venderse extraordinariamente bien, siempre y cuando **se crean anuncios comerciales que despierten la curiosidad de la gente**. El *marketing* se ha convertido en una gran batalla para asegurarse la atención de la audiencia».

Esta misma excelente autoridad dijo:

«La persona está completamente a merced de la asociación de sus ideas. Todo objeto nuevo es visto a la luz de sus ideas previas. El principio de la asociación de ideas es suficiente para explicar el cambio de las modas. Una señora de la alta sociedad tenía un sombrero por el que sentía un especial cariño hasta que un día vio a tres mujeres de clase humilde que llevaban precisamente el mismo diseño. No volvió a aparecer con aquel sombrero en público. Cuando un estilo de vestir se hace «común» y «vulgar», y es usado por las clases más humildes, es descartado por la gente elegante. Modas que rayan en el ridículo se aceptan únicamente porque las dan a conocer al mundo personalidades notables.

El conocimiento del poder de la asociación de ideas es de suma importancia en los negocios. Un comerciante de éxito es aquel que tiene organizada su tienda creando asociaciones agradables, desde la forma en la que interactúan los empleados hasta las instalaciones y la ropa. Por el contrario, el comerciante sin éxito puede tener el mejor producto del mundo, pero su negocio hará aguas por todas partes si no sabe crear la magia de la asociación placentera.

Surgió un nuevo modelo de chaqueta. Un empresario astuto buscó a varios *influencers* y les dio chaquetas gratis con la condición de que tenían que llevarla puesta al menos durante tres días en sus actos. La operación fue un éxito rotundo. Al principio, los *influencers* fueron objeto de burla, pero cientos de personas preguntaron por las chaquetas, pues querían saber dónde conseguirlas. El empresario tuvo que atender varios pedidos urgentes. Al poco tiempo, esas chaquetas eran el último grito en moda.

Si una persona vulgar hubiese llevado la chaqueta al principio, el resultado no habría sido el mismo, pues la asociación de ideas no habría sido la misma. Pero los *influencers* eran personas elegantes en quienes la gente confiaba en cuestiones de estilo. Por esa razón, el gran público asoció «chaqueta igual a estilo+personalidad+elegancia». Triunfo asegurado. Las chaquetas se vendieron como rosquillas.

Hablemos ahora del efecto de la sugestión psicológica en la publicidad. El uso de la «orden directa», como la llaman los anunciantes, es muy común. A la gente se le dice positivamente que haga ciertas cosas en estos anuncios. Se les dice que lleven a casa un jabón Hinky-dink esta noche. «¡Tu mujer lo necesita!». Y la gente se lo lleva. O ven una mano de mamut apuntando hacia ellos desde un cartel, y casi oyen la correspondiente voz de mamut mientras dice (en letras de colores): «¡Eh, tú! Bebe Whisky WalkHet; ¡es el mejor de la historia!». Y, si consigues pasar por alto la orden la primera vez, probablemente caerás en la tentación en las sucesivas veces que la veas en vallas publicitarias, supermercados, autobuses... Tarde o temprano, esa marca te atrapará y será tu favorita. Y eso **lo conseguirán a base de sugestión y repetición**. Es el trabajo que hace esa marca para ti. Recuerda eso, no lo olvides. En las escuelas de publicidad lo denominan «orden directa».

También hay otras formas más o menos sutiles de sugestión en publicidad. En cualquier espacio, en vallas publicitarias, en periódicos y en revistas… «Marca Pitiplim», o algo por el estilo, y por lo general acabas atrapado. Y luego te dicen hasta la saciedad que «Los bebés saltan de alegría por la papilla de la «Abuela Hankin's», y entonces cuando oyes a algún bebé alegre piensas en lo que te han dicho, e inconscientemente corres a comprar un tarro de «Abuela Hankin's».

Luego te dicen que esa bebida nueva es «especial y refrescante», así que vas y la compras. O que alguna marca de jabón es «99,999% pura». O que «la nueva ginebra *light* es realmente suave», y ya estamos todos relamiéndonos los labios como tontos, pensando en la suavidad de ese licor en la garganta.

Y algún otro whisky muestra la imagen de un vaso, una botella, algo de hielo y un sifón de Seltzer, solo con estas palabras: «Lo que bebe el abuelo… ¡Y punto!». Todas estas cosas son sugestiones que van directas al cerebro, y algunas de ellas son muy poderosas, sobre todo cuando se fijan constantemente en la mente a base de repetición.

He conocido a gerentes de centros comerciales que han forzado la temporada llenando anticipadamente sus escaparates con existencias. Pero también he visto cómo se ha anticipado una temporada de moda por el simple hecho de que alguien destacado y famoso, alguna celebridad, ha llevado determinada prenda de vestir en algún evento importante.

El Dr. Herbert A. Parkyn, una autoridad en lo que a materia de su gestión se refiere, expone el siguiente perfil de la vida de un comerciante minorista que sufre el efecto de las influencias psicológicas adversas resultantes de su actitud mental pesimista. Yo puedo dar fe de la exactitud del retrato esbozado por el Dr. Parkyn:

«Se trata del propietario de una tienda situada en una ciudad dormitorio. ¡Casi siento ganas de llorar al entrar en ese comercio! Sus escaparates se visten año tras año con los mismos carteles antiguos, sin que haya nada que dé a la tienda el aspecto alegre tan esencial para un establecimiento comercial de hoy en día. El ambiente del lugar está en consonancia con el propietario. Cuando comenzó el negocio hace treinta años, tenía ocho dependientes, pero su negocio ha decaído de tal manera que actualmente él mismo hace todo el trabajo y apenas puede pagar el alquiler, aunque su competencia más próxima está multiplicando su negocio de forma constante cada año.

En el transcurso de una conversación de quince minutos, la primera vez que lo vi, me contó todos sus problemas, que eran muchos... ¡Todo eran quejas! Según su relato, todo el mundo había intentado aprovecharse de él desde que empezó a trabajar: Sus competidores recurrían a métodos comerciales desleales, su casero se esforzaba por echarlo subiendo el alquiler, no podía conseguir un dependiente honrado en su tienda, un anciano como él no tenía las mismas oportunidades que un joven... No podía entender por qué la gente, a la que había atendido tan fielmente durante años, podía ser tan desagradecida como para dar su apoyo a cualquier advenedizo que se metiera en el mismo negocio que el suyo.

Trabajaría, como ya lo hacía, de sol a sol sin descanso hasta que lo llevaran al asilo o se muriera. Aunque llevaba quince años en el mismo puesto, no había una sola persona a la que pudiera llamar si necesitaba un amigo.

Aunque he tenido ocasión de visitarlo muchas veces durante el horario comercial, nunca le he oído dirigir un comentario alegre, o simplemente amable, a un cliente. Por el contrario, los atendía, no solo con un aire de indiferencia, sino aparentemente como si les hiciera un favor al permitirles entrar en su tienda. A otros que se acercaban a pedirle permiso para usar su teléfono o a preguntar cualquier cosa, pronto les daba a entender, por su forma de ser y sus contestaciones desabridas, que los consideraba poco menos que un moscardón molesto y que esperaba que no hubieran confundido su tienda con una oficina de información.

He hablado de mil temas con él. Daba igual de lo que hablásemos, todo se iba al garete: la ciudad, el campo, la política, la vida, etc. No importaba el tema del que se hablase, sus comentarios estaban cargados de pesimismo. Estaba dispuesto a culpar a todo y a todos por su actual situación. Cuando me aventuré a sugerir que gran parte de sus problemas se debían a su lamentable actitud, no tardó ni un segundo en mostrarme la puerta de salida.

Y lo cierto es que bastaría con que mostrase un poco de cariño durante unas semanas, dedicando una sonrisa aquí y otra allá, o dijese una palabra alegre y amable a este o aquel cliente, y sin duda su clientela se sentiría mejor, y le devolverían mil veces ese cariño. Si asumiera que es próspero y diese a su tienda un aire de prosperidad, ¡cuánto más atractivo sería su local y cuánto más atractivo sería para los clientes! Si entendiese que cada persona que entra en su tienda es su invitado, tanto si hace una compra como si no, la gente tendría ganas de volver a su tienda cuando necesitase cualquier cosa afín.

Podría sugerir cien maneras en las que este personaje podría emplear la sugestión y la autosugestión para aumentar su negocio, para atraer a los amigos hacia él, en lugar de ahuyentarlos, y para hacer que el mundo y él mismo fuesen mejores y más felices mientras él viviese».

Pero, te preguntarás, querido lector, ¿qué tiene que ver todo esto con la psicología en la venta? ¿Qué tiene que ver la publicidad, la exposición en la tienda, el trato personal y todas esas cosas con la venta? Pues que todas esas cosas se basan en los mismos principios fundamentales que la venta, y estos principios fundamentales son los de la psicología. Todo lo que se ha dicho se refiere a la psicología. Todo es efecto de la psicología pura y dura.

Todo depende de la actitud mental, de las sugestiones que ofrecemos, de los estados mentales inducidos, del motivo de la voluntad: todas estas cosas externas no son más que los efectos de los estados mentales internos.

J.W. Kennedy, nos dijo en *Judicious Advertising* que:

«La publicidad no es más que un arte de vender en papel, un mero medio de hacer dinero para vender bienes rápidamente. Ese "algo misterioso" no es más que persuasión impresa y su otro nombre es "venta de convicción". La convicción puede ser impartida a voluntad por aquellos que han estudiado de cerca los procesos de pensamiento por los que se induce la convicción. **La misión de todo anuncio es convertir a los lectores en compradores**».

Geo Dyers afirmó en la misma revista que:

«La publicidad tiene en cuenta las impresiones subconscientes, las diversas fases de la sugestión y la asociación que se reciben a través de la vista y los demás sentidos, la psicología de la orden directa, todo ello digno de una seria consideración, y que hay que tener muy en cuenta, por mucho que nos resistamos a los términos».

Seth Brown, en *Salesmanship*, comentó sin embargo que:

«Para hacer una publicidad que venda productos se requiere el desarrollo de la parte humana de quien escribe. Este debe **darse cuenta de las diferentes fuerzas que dirigen la atención, el interés, el deseo y la convicción**. El comprador quiere sus productos porque le producirán algún efecto o resultado definido. Es este resultado el que el publicista debe tener en cuenta».

Pero también podemos decir que detrás de «toda esta psicología» no parece haber mucho más que lo que siempre hemos conocido como «naturaleza humana»; no hay nada nuevo en esto. ¡Por supuesto, nada nuevo!

La psicología es la ciencia interna de la naturaleza humana. La naturaleza humana depende enteramente de los procesos psicológicos; está ligada a las actividades de la mente. El estudio de la naturaleza humana es el estudio de la mente de las personas. Pero mientras que el estudio de la naturaleza humana, tal y como se lleva a cabo habitualmente, es una empresa azarosa, de aciertos y errores, el estudio de la mente, de acuerdo con los principios establecidos en la psicología, es de la naturaleza del estudio de la ciencia, y se lleva a cabo de acuerdo con métodos científicos.

El estudio de la naturaleza humana según las pautas de la psicología se convierte en una ciencia, sobre todo en su fase de Vendedor. Desde el principio hasta el final, **la venta es un tema psicológico. Cada paso en el proceso de una venta es un proceso mental.**

La actitud y la expresión mentales del vendedor; la actitud y la impresión mentales del cliente; el proceso de suscitar la atención, despertar la curiosidad o el interés, espolear el deseo, satisfacer la razón y mover la voluntad: todos estos son procesos puramente mentales, y su estudio se convierte en una rama del estudio de la psicología.

La exposición de los productos en los mostradores, estantes o escaparates de una tienda, o en manos del vendedor en la carretera (o en internet, hoy en día), debe basarse en principios psicológicos.

La argumentación del vendedor no solo debe ser lógica, sino que debe estar dispuesta y redactada de manera que despierte ciertos sentimientos o facultades en la mente del posible comprador. Esto es psicología. Y, por último, el cierre de la venta, en el que el objetivo es dirigir la voluntad del comprador hacia una acción final favorable, esto también es psicología. Desde la entrada del vendedor hasta el cierre final de la venta, cada paso es un proceso psicológico.

Una venta es la acción y la reacción de la mente sobre la mente de acuerdo con principios y reglas psicológicas bien establecidas. La venta es esencialmente una ciencia psicológica, como deben admitir todos los que estudien el tema de forma coherente.

A los que se oponen al término «psicología» porque les resulta apabullante, que se aferren a su viejo término de «naturaleza humana», recordando sin embargo que la «naturaleza humana» es esencialmente mental y, por lo tanto, esencialmente psicológica.

Una persona muerta, dormida o en trance, no manifiesta ninguna «naturaleza humana», en el sentido en que la palabra se utiliza generalmente. La persona debe estar viva, bien despierta y en posesión de sus sentidos, antes de poder manifestar la «naturaleza humana», y antes de que se pueda apelar a su «naturaleza humana». Y esto no puede separarse de la psicología, por mucho que lo intentemos.

No queremos ni por un momento insinuar que el arte de la venta depende totalmente de los conocimientos de psicología. Hay otros factores que intervienen. Por ejemplo, el vendedor debe poseer un conocimiento práctico de sus productos, de las temporadas, de la tendencia de la moda en relación con su línea, de la adaptabilidad de ciertos productos para ciertas secciones. Pero, renunciando por el momento a la cuestión de que incluso estos aspectos tienen que ver con la mente de las personas en última instancia, y admitiendo que pueden considerarse como independientes de la psicología, todos estos puntos no servirán de nada si el vendedor infringe los principios psicológicos de la venta. Demos a un comerciante la mejor mercancía, de la mejor marca, y démosle también un conocimiento profundo de los requisitos de ese negocio y de la propia mercancía, y enviémoslo a vender ese producto. El resultado será que sus ventas estarán por debajo de las de un vendedor mucho menos preparado en esos aspectos, pero que entiende la psicología de la venta, ya sea intuitiva o conscientemente.

En la medida en que la esencia de las ventas es el empleo de los principios psicológicos adecuados, ¿no parece imperativo que el vendedor conozca algo de la mente del comprador, el instrumento con el que debe tocar al ejercer su vocación? ¿No debería el vendedor poseer el mismo tipo de conocimiento de su instrumento que el músico, el mecánico, el artesano o el artista? ¿Qué se pensaría de alguien que esperase ser un experto espadachín sin conocer los principios de la esgrima, o de alguien que esperara convertirse en boxeador sin dominar las tácticas del boxeo?

Los instrumentos del vendedor son su propia mente y la comprensión del funcionamiento de la mente de sus clientes. Debe conocer ambas a fondo.

CAPÍTULO II
LA MENTE DEL VENDEDOR

En la psicología de las ventas existen dos elementos importantes, a saber:

1) La mente del vendedor.
2) La mente del comprador.

La propuesta, o los bienes que se van a vender, constituyen el vínculo de unión entre las dos mentes, o el punto común sobre el que las dos mentes deben unirse, mezclarse y llegar a un acuerdo.

La venta en sí es el resultado de la fusión y el acuerdo de las dos mentes, el producto de la acción y la reacción entre ellas.

Pasemos ahora a estudiar los dos elementos importantes, las dos mentes implicadas en el proceso de la venta.

Comenzando con nuestro estudio de la Mente del Vendedor, comprendamos que su carácter y su personalidad dependen de su mente. Su carácter se compone de sus cualidades o atributos mentales individuales. Su personalidad es la expresión externa habitual de su carácter. Tanto el carácter como la personalidad pueden ser alterados, cambiados y mejorados. Y hay en cada persona *algo fundamental* que se denomina «yo», que es capaz de ordenar y manifestar estos cambios en su carácter y personalidad. Aunque se puede argumentar de forma plausible que una persona es simplemente una mezcla de sus características principales, siempre existe en cada uno la conciencia de que en su «yo» real hay un algo que está por encima de esas características que lo puede dominar. Sin intentar llevarte al laberinto de la metafísica, o a las trampas de la filosofía, deseo inculcarte el hecho de que el ser mental tiene como centro más íntimo de la conciencia este misterioso «yo», cuya naturaleza nadie ha sido capaz de determinar, pero que cuando se realiza plenamente le imparte a uno una fuerza y un vigor nunca soñados.

Es necesario que toda persona que busque la superación despierte a una clara comprensión de este «yo» que lleva dentro, para el cual cada facultad, cada cualidad, cada característica es un instrumento de expresión y manifestación. El verdadero «yo» no son las características o rasgos de la personalidad, que cambian de vez en cuando, sino un centro y un fondo permanente e inmutable de los cambios de la personalidad, un algo que perdura a través de todos los cambios, y que simplemente se conoce como «yo».

Consideramos que la realización de este «yo» es lo más importante para toda persona que desee dominar su propia mente y crear su propia personalidad.

La conciencia del «yo» está por encima de la personalidad, es algo inseparable de la individualidad. La conciencia del «yo» es una experiencia real, tanto como lo es la conciencia de la página que tienes delante. Todo el tema de la Nueva Psicología está ligado a este reconocimiento del «yo». Gira alrededor de este «yo» como una rueda alrededor de su centro.

Consideramos las facultades mentales, los poderes, los órganos, las cualidades y los modos de expresión, como meros instrumentos, herramientas o canales de expresión de este maravilloso SER —el Yo, el Ego puro—. Y este es el mensaje de la Nueva Psicología: que tú, el «yo», tienes a tu disposición una maravillosa gama de instrumentos mentales, herramientas y maquinaria que, si se utilizan adecuadamente, crearán para ti cualquier tipo de personalidad que desees. Tú eres el Maestro que puede hacer de sí mismo lo que quiera. Pero antes de que puedas apreciar esta verdad, antes de que puedas hacerla tuya, antes de que puedas aplicarla, debes reconocer y comprender este maravilloso «yo» que eres, para el cual el cuerpo y los sentidos, e incluso la mente misma, no son más que canales de expresión. Eres algo más que el cuerpo, o los sentidos, o la mente; eres ese *Impresionante Algo*, dueño de todas estas cosas, pero del que solo puedes decir una cosa: «YO SOY».

Pero recuerda siempre que esta realización del Ego no significa egoísmo, ni engreimiento, ni comparación de tu carácter o personalidad con la de los demás. Es Egoísmo, no Egotismo, y Egoísmo significa simplemente la realización de esta «Conciencia Maestra» a la cual todas las demás facultades mentales están subordinadas. Si quieres darle otro nombre, puedes considerar este «yo» como la «Voluntad de la voluntad», pues es la esencia misma de la *fuerza de voluntad;* es, por así decirlo, la Voluntad consciente de sí misma.

Por medio de la realización, encontrarás mucho más fácil cultivar las cualidades mentales que todavía no dominas, y frenar las características que no deseas.

Repítete la siguiente cita de Charles F. Lummis varias veces al día:

«Estoy bien. Soy más grande que cualquier cosa que me pueda pasar. Todas estas cosas están fuera de mi casa, y mi casa está cerrada con llave, *¡y solo yo tengo la llave!*».

Las cualidades mentales más necesarias para el vendedor pueden ser las siguientes:

1. El respeto a sí mismo.

Es importante que el vendedor cultive la facultad de respetarse a sí mismo. Con esto no queremos decir egoísmo, engreimiento, soberbia, imperiosidad, altanería, esnobismo, etc., todas ellas cualidades perjudiciales.

Por el contrario, el autorrespeto transmite el sentido de la verdadera hombría o feminidad, la confianza en uno mismo, la dignidad, el valor y la independencia. Es el espíritu de Halcón Negro, el cacique indio, que, levantando la cabeza, dijo a Jackson: «¡Soy un hombre!». Es totalmente opuesto a la actitud mental de Uriah Heep, un «gusano del polvo» que se arrastra y se encoge, y que continuamente afirmaba lo humilde que era.

> Aprende a mirar al mundo a los ojos sin inmutarte. Deshazte del miedo a la multitud y de la impresión de que eres indigno. **Aprende a creer en ti mismo y a respetarte. Deja que tu lema sea «¡Puedo; lo haré; me atrevo; lo hago!».**

El respeto a uno mismo es un antídoto seguro para el sentimiento de miedo, encogimiento, sensación de inferioridad y otros sentimientos negativos que a veces oprimen al vendedor cuando está a punto de estar ante la presencia de alguna persona importante.

Recuerda que la personalidad de los humanos no es más que una máscara, y que detrás de ella no hay más que un «yo» como el tuyo, ni más ni menos. Recuerda que eres una persona acercándose a otra persona, no un gusano acercándose a un dios. Recuerda que, al igual que Kipling dice: «La dama del coronel y Judy O'Grady *son hermanas bajo su piel*», tú y ese sujeto importante sois «yoes» gemelos bajo la cobertura de la personalidad, la posición y la apariencia externa.

Cultivando la realización del «yo», de la que te he hablado, adquirirás un nuevo sentido de respeto a ti mismo que te hará inmune al sentimiento de timidez, inferioridad y miedo en presencia de los demás.

Si una persona no se respeta a sí misma, no puede esperar que los demás la respeten. Debe construir su verdadera individualidad y respetarla, teniendo siempre cuidado de no dejarse «desviar» por el egoísmo, la vanidad y otras locuras similares de la personalidad.

No es tu personalidad la que tiene derecho a ser respetada, sino tu *individualidad*, lo cual es algo muy diferente. La personalidad pertenece a la persona exterior, la individualidad, al interior.

El porte y la actitud física de uno tienden a reaccionar sobre su propia actitud mental, así como a impresionar a aquellos en cuya presencia se encuentra. Siempre existe una acción y una reacción entre la mente y el cuerpo. Así como los estados mentales toman forma en las acciones físicas, las acciones físicas reaccionan sobre la mente e influyen en los estados mentales. **Frunce el ceño continuamente y te sentirás enfadado. Sonríe y te sentirás alegre**.

Si te comportas como una persona digna, te sentirás como tal.

Carl H. Pierce dice con respecto al porte adecuado de un vendedor:

«Recuerda que no estás pidiendo ningún favor; que no tienes nada de qué disculparte, y que **tienes todas las razones del mundo para mantener la cabeza en alto**.

Es maravilloso lo que esta forma de mantener la cabeza en alto puede hacer para aumentar las ventas.

He visto a vendedores entrar en las oficinas de los compradores simplemente manteniendo la cabeza erguida desde los hombros y triunfar. La regla se debe seguir es: tener los lóbulos de las orejas directamente sobre los hombros, de modo que las orejas estén en línea con tu cuerpo. Asegúrate de no llevar la cabeza ni a la derecha ni a la izquierda, sino en vertical. Muchas personas cometen el error, especialmente cuando esperan a que un posible cliente termine algún asunto importante, de inclinar la cabeza hacia la derecha o hacia la izquierda. Esto indica debilidad.

Un estudio sobre el lenguaje corporal revela el hecho de que **las personas fuertes nunca inclinan la cabeza**. Sus cabezas están perfectamente rectas sobre cuellos fuertes. Sus hombros, sostenidos con elegancia, están firmemente en la posición correcta, inspiran su fuerza indicando aplomo. Cada línea del cuerpo, en otras palabras, denota el pensamiento del vendedor».

Por lo tanto, cultiva no solo el sentido interno de respeto por ti mismo, sino también los condicionantes externas de ese estado mental. Así te aseguras el beneficio de la acción y reacción entre el cuerpo y la mente.

2. APLOMO.

El vendedor debe cultivar el aplomo, que se manifiesta en el equilibrio, la tranquilidad y la facilidad. El aplomo es la cualidad mental que mantiene un equilibrio natural entre las diversas facultades, sentimientos, emociones y tendencias. Es la afirmación del «yo» como Maestro y controlador de los estados mentales, los sentimientos y la acción.

El equilibrio permite que uno se *equilibre* correctamente, en el plano mental, en lugar de permitir que sus sentimientos o emociones se desborden. El equilibrio te permite seguir siendo el dueño de ti mismo, en lugar de «desfallecer» por un lado, o de «perder los nervios» por el otro. El aplomo te permite permanecer equilibrado.

La persona con aplomo tendrá, en efecto, poder, porque nunca perderá el equilibrio y, en consecuencia, siempre será el que mantenga la situación en orden. ¿Has oído hablar alguna vez del giroscopio o lo has visto? Pues bien, es un pequeño y peculiar artilugio mecánico que consiste en una rueda giratoria dentro de un armazón, cuya peculiaridad consiste en la disposición y la acción de la rueda que, por su movimiento, mantiene siempre su equilibrio y posición. No importa cómo se gire el pequeño aparato, siempre se mantiene en equilibrio. Pues bien, esta es la cuestión: **tienes que ser un giroscopio mental.**

Cultiva la cualidad mental que actúa automáticamente para mantener tu equilibrio y tu centro de gravedad mental. Esto no significa que debas ser un mojigato, o un engreído de expresión solemne, con una presunción de dignidad sobrenatural. Por el contrario, siempre hay que ser natural tanto en las formas como en los actos. La cuestión es mantener siempre el equilibrio y el control mental, en lugar de dejar que los sentimientos o las emociones te dominen.

El equilibrio significa dominio, y la falta de él, esclavitud.

Como dice Edward Carpenter:

«¡Qué raro es encontrar a una persona de verdad! Es más fácil encontrar a sujetos acosados por sus propios pensamientos tiranos. Son criaturas que se creen libres, cuando en realidad no lo son. Viven dominados por pensamientos y sentimientos que los torturan. Así que ellos, a su vez, torturan a la humanidad». El equilibrio consiste en el giroscopio mental: mantenlo en buen estado de funcionamiento.

3. ALEGRÍA.

La actitud mental «brillante, alegre y feliz», y la manifestación externa de esta, es un imán de éxito para el vendedor. El «gruñón» es el polo negativo de la personalidad, y hace más por repeler a la gente que casi cualquier otra cualidad.

El comportamiento y la actitud mental alegres están tan solicitados que la gente suele dar una preferencia descomunal a quienes los poseen. Nos gustan más las personas alegres que las gruñonas, por eso nos acercamos a las primeras y huimos de las segundas. Ya hay bastante desgracia en el mundo como para que tengamos que soportar a gruñones que nos la impongan. Ya lo dijo el poeta:

> «Ríe y el mundo reirá contigo;
>
> llora, pero hazlo solo.
>
> Porque esta vieja y triste Tierra necesita alegría;
>
> ya tiene bastantes problemas».

El mundo prefiere al alegre Jim que al deprimido Gus, y concederá sus favores al alegre mientras que dará la espalda al deprimido.

El espíritu optimista y alegre crea por sí mismo una atmósfera que, tal vez inconscientemente, se difunde en todos los lugares visitados por el individuo.

La alegría es contagiosa y es un activo muy valioso.

Hemos conocido a personas cuyo exterior brillante provocaba un alivio en la tensión de aquellos que las rodeaban. Hemos oído decir: «Siempre me gusta ver a ese tipo, me alegra el día». Esto no significa que uno deba esforzarse por convertirse en un simpático profesional, en un payaso o en un comediante. No es esa la cuestión.

La idea que subyace en este estado mental y atributo de la personalidad es *la Alegría*, **la disposición a ver el lado bueno de las cosas** y manifestar ese estado mental como lo hace el sol con sus rayos. Aprende a irradiar alegría. No se trata tanto de decir las cosas como de pensarlas. Los pensamientos interiores de las personas se reflejan en su personalidad exterior. Así que cultiva la *Alegría* interior antes y después podrás manifestar sus características exteriores más visibles.

No hay nada tan lamentable, o que caiga tan bajo, como una falsa alegría; es peor que los chistes malos que no paramos de escuchar. Para ser alegre uno no tiene que ser una persona que transmita simpatía de forma natural y espontánea. Esa atmósfera de la verdadera alegría solo puede nacer del interior. Los japoneses de clase alta instruyen a sus hijos para que mantengan un comportamiento alegre y un rostro sonriente pase lo que pase, aunque se les parta el corazón. Consideran que esta es la obligación de su clase, y consideran que es muy indigno de la persona, además de insultante para los demás, manifestar cualquier otro comportamiento o expresión. Su teoría, que forma parte de su maravilloso código llamado *Bushido*, es que resulta una impertinencia imponer a los demás la pena, el dolor y las desgracias de uno. Reservan para su propio círculo íntimo sus penas y dolores, y siempre presentan una apariencia alegre y brillante a los demás.

El vendedor haría bien en recordar el *Bushido*, pues lo necesita en su negocio. Evita el estado mental de «gruñón» como si fuera la peste. No seas un «boxeador», ya que los «golpes», como las gallinas, vuelven a casa para dormir, trayéndose con ellos a sus polluelos.

4. La cortesía.

La cortesía es un activo poderosísimo para un vendedor. No solo eso, sino que es un rasgo característico de los *caballeros* en todos los ámbitos de la vida, y es un deber tanto hacia uno mismo como hacia los demás. Por educación y cortesía no nos referimos a una forma artificiosa de comportarse, sino, por el contrario, a esa conducta respetuosa hacia los demás que es la marca del refinamiento innato y una esmerada educación.

La cortesía y la finura no consisten necesariamente en rígidas reglas formales, sino en una simpatía innata y una comprensión sincera que se manifiesta en un comportamiento cortés hacia los demás.

A todo el mundo le gusta que lo traten con aprecio y comprensión, y está dispuesto a corresponder de la misma forma. No es necesario ser un «graciosillo» para ser cortés.

La cortesía —la verdadera cortesía— nace del interior y es casi imposible imitarla con éxito. Su espíritu puede ser expresado por la idea de tratar de ver el bien en todos y luego actuar hacia la persona como si su bondad fuese patente. Dispensa a las personas con quienes entras en contacto el trato, la atención y el respeto a los que tendrían derecho si realmente manifestaran el bien más elevado que llevan dentro.

Uno de los mejores vendedores al por menor que conocí achacó su éxito a su capacidad de «ponerse del lado del cliente», es decir, de intentar ver las distintas operaciones desde el punto de vista del cliente. Esto conducía a una comprensión muy valiosa.

Si el vendedor logra ponerse en el lugar del cliente, puede ver las cosas con una nueva perspectiva, y obtener de este modo una comprensión del cliente que le permitirá a él, como vendedor, manifestar una sincera cortesía hacia sus clientes. Pero la educación y la cortesía no significan una actitud mental o un comportamiento servil. La verdadera cortesía debe tener como fondo el respeto a sí mismo.

Un aliado de esta cortesía es lo que denominamos «tacto», que se define como **la habilidad o destreza de hacer o decir exactamente lo que requieren las circunstancias**. Una ligera consideración mostrará que el tacto debe depender de la comprensión del punto de vista y la actitud mental de la otra persona, de modo que, si uno tiene la llave, puede abrir la puerta del otro. La comprensión de la posición de la otra persona, y la aplicación del verdadero espíritu de la cortesía, contribuirán en gran medida a establecer la cualidad del tacto.

El tacto es una extraña combinación de la sabiduría mundana y la regla de oro, una mezcla de la capacidad de buscar en la mente de la otra persona y la capacidad de hablar a los demás como te gustaría que te hablaran a ti en idénticas circunstancias.

El rasgo llamado «adaptabilidad», o la facultad de ajustarse a las condiciones y a la personalidad de los demás, también pertenece a esta categoría. **La adaptabilidad depende de la capacidad de ver la posición de la otra persona**.

Como dijo un escritor:

«Los individuos que no están en armonía con su entorno desaparecen para dejar sitio a los que están en armonía con ellos».

Cuando llegamos a la verdadera comprensión de la mente de los demás, se entiende todo lo relacionado con la cortesía, el tacto y la adaptabilidad, y se pueden llevar a la práctica todas estas cuestiones con suma facilidad.

5. La naturaleza humana.

Estrechamente relacionado con el tema de los párrafos anteriores, está el de la naturaleza humana. **El conocimiento de la naturaleza humana es muy importante para el vendedor**.

Para comprender el funcionamiento de las mentes de los demás, no solo hay que entender los principios psicológicos generales implicados, sino también las manifestaciones especiales de esos principios. La naturaleza tiende a formar clases y especies, y la mayoría de las personas pueden ser agrupadas en clases especiales dependiendo de sus temperamentos.

Un estudio inteligente de la Nueva Psicología y del tema general de la naturaleza humana en las obras de fisonomía, etc., ayudará a iniciar el camino hacia la comprensión de la naturaleza humana. Pero, después de todo:

> El mejor conocimiento solo se obtiene cuando los principios generales se ponen a prueba y se aplican a través de la experiencia.

En esta obra particular tenemos mucho que decir sobre ciertos rasgos de la naturaleza humana; de hecho, como hemos dicho, la naturaleza humana no es más que psicología.

El siguiente consejo, de mano del Profesor Fowler, una conocida autoridad en frenología, se recomienda a todos los vendedores deseosos de adquirir la facultad de comprender la naturaleza humana:

«Observa atentamente todas las acciones de las personas con el fin de averiguar sus motivos y los principales resortes de la acción. Contempla con una mirada aguda al, a la mujer, al niño, a todos los que encuentres, como si quisieras leerlos de arriba abajo. Fíjate especialmente en la expresión de sus ojos, como si quisieras empaparte de lo que significa. Dite a ti mismo: ¿Qué ha provocado esa expresión o esa acción? Empápate de esas miradas, de las actitudes, del lenguaje natural y la manifestación de todo el mundo, y analiza qué te produce, es decir, estudia la naturaleza humana como filosofía y como sentimiento, y descubre en qué te afecta directamente».

CAPÍTULO III
LA MENTE DEL VENDEDOR (CONTINUACIÓN)

6. LA ESPERANZA.

El vendedor debe cultivar la perspectiva optimista de la vida. Debe alentar la expectativa sincera de las cosas buenas por venir, y avanzar hacia su realización.

Gran parte del éxito en la vida depende de la actitud mental y de la expectativa confiada de un resultado exitoso. El deseo sincero, la expectativa confiada y la acción decidida son la triple clave del logro.

El pensamiento se manifiesta en la acción, y crecemos de acuerdo con el patrón mental o el molde que creamos para nosotros mismos.

Si miras a tu alrededor, verás que quienes han triunfado, y quienes están triunfando, son los que han mantenido la actitud mental esperanzada, los que han mirado siempre hacia la esperanza, incluso en los momentos de mayores problemas y reveses temporales.

Si alguien pierde la esperanza permanentemente, está derrotado. La esperanza es el incentivo que siempre atrae a la persona hacia delante y hacia arriba.

La esperanza respaldada por la voluntad y la determinación es casi invencible. Aprende a mirar el lado bueno de las cosas, a creer en tu éxito final. Mira hacia arriba y hacia delante. Tu lema debe ser: «¡Mira siempre hacia el futuro prometedor!».

Existe una sutil ley psicológica por cuyo funcionamiento tendemos a materializar nuestros ideales. La «expectativa confiada», respaldada por las acciones, siempre triunfará. Súbete al avión de la Esperanza.

7. EL ENTUSIASMO.

Muy pocas personas comprenden el verdadero significado de la palabra «entusiasmo», aunque la utilicen con bastante frecuencia en conversaciones ordinarias.

Entusiasmo significa mucho más que energía, actividad, interés y esperanza. Significa la expresión del alma en acciones mentales y físicas. Los griegos usaban la palabra con el significado de «inspiración; movido por los dioses», de donde surgió el significado posterior de «inspirado por un poder sobrehumano o divino».

El uso moderno define el entusiasmo como: «Fervor del alma encendida; interés ardiente e imaginativo; manifestación viva de alegría».

Una persona llena de entusiasmo parece moverse y actuar desde el centro mismo de su ser, esa parte a la que nos referimos cuando decimos «alma». Hay un poder maravilloso en el entusiasmo correctamente dirigido, que sirve no solo para despertar dentro de uno sus plenas facultades, sino que también tiende a impresionar a otros en la dirección del contagio mental. Los estados mentales son contagiosos, y el entusiasmo es uno de los estados mentales más activos.

El entusiasmo se acerca más a la «fuerza del alma» que cualquier otra expresión externa de los estados mentales. Está aliado con ese impulso de la música, la poesía y el teatro que agita el alma. Podemos sentirlo en las palabras de un escritor, un orador, un predicador, un cantante o un poeta. El entusiasmo puede ser analizado como un interés inspirado. Como dice Walter D. Moody: «Todos los aquellos que poseen magnetismo personal son muy serios. Su intensa seriedad es magnética».

Las personas más eruditas están de acuerdo en que el entusiasmo es el principio activo de lo que se ha llamado Magnetismo personal.

Un sabio dijo:

«Todos nosotros emitimos una esfera, aura o halo, impregnado de la esencia misma de nosotros mismos. Los más sensibles lo saben, también nuestros perros y otros animales domésticos; también un león o un tigre hambriento; sí, incluso las moscas, las serpientes y los insectos. Algunos somos magnéticos, otros no. Algunos son cercanos, atractivos, inspiradores de amor y de amistad, mientras que otros son fríos, intelectuales, reflexivos, razonables, pero no magnéticos. Si una persona culta de este último tipo se dirige a las masas, el público se cansará pronto de su discurso intelectual y mostrará signos de somnolencia. Les hablará, pero no les transmitirá nada; les hará pensar en algunas ocasiones, pero nunca sentir. La gente quiere que se le haga sentir. La gente pagará generosamente por sentir o reír, mientras que no darán un céntimo para que le hagan pensar de forma vacía.

Pongamos a una persona culta, pero sencilla, directa, amable, cariñosa, empática. Démosle un discurso que nos haga pensar ligeramente y que al mismo tiempo nos haga sentir cosas dentro de nosotros. No cabe duda de que esta persona nos ganará, nos tendrá a su favor en todo momento. Mucho más que aquel que nos instruye con su discurso vacío. Las razones son palpables y claras. Es el corazón contra la cabeza, el alma contra la lógica; y el alma ganará siempre».

Y como dice Newman: «Las deducciones no tienen poder de persuasión. El corazón se alcanza comúnmente, no a través de la razón, sino a través de la imaginación, por medio de impresiones directas, por el testimonio de hechos y acontecimientos, por la historia, por la descripción. Las personas nos influyen, las miradas nos subyugan, los hechos nos inflaman».

El entusiasmo imparte esa cualidad peculiar que denominamos «*vida*», que constituye una parte tan importante en la personalidad de un vendedor.

Recuerda que hemos analizado el entusiasmo como una *seriedad inspirada; piensa* en este análisis y capta su significado interno.

La propia palabra *entusiasmo* es inspiradora: visualízala y deja que te incite a expresarla cuando te sientas decaído. El solo hecho de pensar en ello es estimulante.

8. Determinación.

El vendedor necesita la cualidad de la determinación tenaz, la persistencia y la perseverancia. Esta cualidad de bulldog debe ser desarrollada. Hay que cultivar el espíritu del «puedo y quiero». La determinación se compone de varias facultades. En primer lugar, está la combatividad o la cualidad de «afrontar» los obstáculos. Es una cualidad marcada en todos los caracteres fuertes. Se manifiesta a través del coraje, la audacia, la resistencia, la oposición y la disposición a combatir la obstrucción en lugar de ceder ante ella.

Junto a esta facultad hay otra que es la Destructividad, que se expresa en el sentido de derribar barreras, apartar obstáculos, abrirse camino; empujar hacia delante; mantenerse en pie; etc. Es la cualidad de quien abre sus propios caminos y construye su propio oficio. Es la facultad pionera de la mente que despeja el terreno, sienta los cimientos y construye la primera cabaña de madera.

Luego viene la Continuidad, la facultad que está bien definida como «la perseverancia», que **le permite a uno seguir con su tarea hasta terminarla**. Esta facultad aporta estabilidad y cualidades de permanencia, y permite a la persona *terminar* bien. La falta de esta cualidad a menudo neutraliza el trabajo de otras buenas facultades, haciendo que el sujeto se «deje llevar» y se abandone demasiado pronto, y pierda así los frutos de su trabajo.

Por último, viene la facultad de la Firmeza, que le da a uno la cualidad de la tenacidad, la perseverancia, la continuidad, la decisión y la estabilidad, acompañada de una cierta «tendencia obstinada» que mantiene unidas las demás facultades.

Una cierta cantidad de esta cualidad es necesaria en la constitución mental de un Vendedor. Si una persona está «enfocada», le permite mantener su posición sin el constante desgaste de la voluntad que sufren quienes carecen de ella. Esta facultad impide que uno se «desvíe», y le permite «poner manos a la obra y no mirar hacia atrás». Sostiene la voluntad en pos del trabajo hasta que este se realiza. Le permite a uno ser como la roca contra la que golpean inofensivamente las olas de la oposición y la competencia. **O lo que es lo mismo, le permite a uno ver su objetivo y encaminarse directamente hacia él**.

9. El secreto.

Mencionamos esta cualidad, no porque sea una de las que desempeñan un papel tan importante en el mundo del vendedor, sino porque la tendencia del vendedor medio es hablar con demasiada libertad sobre asuntos que debería reservarse para sí mismo. Este defecto del vendedor se debe a la libertad de expresión que requiere su trabajo. Sin embargo, debe recordar que muchos buenos planes han fracasado debido a la tendencia del vendedor a «cotorrear» o a «exponer» sus esperanzas, planes y expectativas.

El vendedor debe pensar tres veces antes de hablar sobre cualquier asunto de la política de la oficina o personal, planes, métodos u otras cosas que no le gustaría que sus competidores supieran. Es una regla imprescindible, establecida por personas exitosas, la de «Nunca hablar de nada que no desee que su principal competidor oiga, porque lo escuchará si uno habla de ello».

El mundo está lleno de «pajaritos» que pían demasiado. Y las «paredes oyen».

Sé un diplomático en asuntos del tipo al que nos hemos referido. Una pequeña reflexión debería convencerte de que:

Si tú mismo no respetas tus propios secretos, no puedes esperar que los demás lo hagan.

10. Adquisición.

Esta facultad se manifiesta como el deseo de adquirir cosas, ganar, poseer, alcanzar, etc. A menudo es condenada por la gente, debido a los rasgos desagradables que manifiestan aquellos en quienes está anormalmente desarrollada, como el avaro, el miserable y el tacaño. Pero no es bueno condenar apresuradamente esta facultad, pues sin ella nos convertiríamos en personas sin deseos, derrochadoras, sin recursos y pobres.

Quien quiera tener éxito en cualquier apartado en los negocios debe cultivar la «Adquisitividad», si es que carece de ella. **Debe aprender a querer y desear fervientemente las cosas buenas de la vida, y alcanzarlas**. Debe desear acumular algo para sí mismo, porque al hacerlo trabajará de manera que sea un valioso ejemplo para sus empleadores.

El afán de lucro es uno de los principios motores del mundo de los negocios, por mucho que se intente evadirlo. Negarlo es una hipocresía. Los hechos son demasiado claros como para dejarlos de lado o negarlos.

Como ya comenté en otra obra:

«Todos buscan el dinero de una u otra manera». De qué sirve negarlo. Algún día podremos tener mejores condiciones económicas, pero hasta ese momento todos debemos perseguir el dólar esquivo lo mejor que podamos. Porque a menos que hagamos esto, no comeremos, ni nos vestiremos, ni tendremos un hogar, ni libros, ni música, ni ninguna otra cosa que haga que la vida valga la pena para alguien que piense y sienta. Me parece que el equilibrio adecuado se concentra en la siguiente afirmación: *Mientras estés consiguiendo, consigue todo lo que puedas; pero dale una oportunidad al otro*».

11. Aprobatividad.

Es la cualidad que se manifiesta en el deseo de alabanza, adulación, aprobación, fama, etc. El vendedor medio no necesita desarrollar esta facultad. Su temperamento es muy propenso a hacer que la tenga demasiado desarrollada. Está muy bien sentir cierto placer por la aprobación de los demás del trabajo bien hecho. Pero es una debilidad patente el ser tan sensible a las opiniones de los demás que se sufra por su desaprobación o por la falta de elogios.

> Aquel que depende de los elogios de la multitud, o de la aprobación del populacho, es un necio que merece compasión. La multitud es voluble y mañana puede volverse contra aquellos a los que hoy elogian. Además, siempre hay mucha envidia y celos secretos mezclados con los elogios de los demás.

¿Te has fijado alguna vez en la avidez con que la gente relata el desliz o el tropiezo de aquellos a quienes han alabado?

No te dejes engañar por los aplausos de la multitud. Tampoco permitas que te desvíen del camino correcto por miedo a la culpa. Aprende a confiar en lo que tú mismo sabes que es correcto. Asegúrate de que tienes razón, y luego sigue adelante. Aprende a pararte sobre tus propios pies, y no te apoyes en otros. Sacude a la multitud de tus talones: ocúpate de tus propios asuntos y deja que los demás hagan lo mismo.

Y mira al mundo directamente a los ojos mientras le hablas. El mundo te entenderá si no le haces caso. Pero nunca te acobardes ante él, de lo contrario, te hará pedazos. «Dicen, qué dicen; ¡pues que digan!». No te preocupes por ello; a tus amigos no les importará, y tus enemigos te criticarán de todos modos; así que, ¿de qué sirve? Dite a ti mismo: **«Soy el capitán de mi alma, el dueño de mi destino»**.

Recuerda las gloriosas palabras de libertad y coraje de Burton:

«Haz lo que tu SER te pide, de nadie más que de ti mismo espera el aplauso».

La diferencia entre el Egoísmo y el Egotismo consiste en gran medida en la diferencia entre el Autorrespeto y la Aprobación. Desarrolla el primero, y refrena el segundo, si quieres convertirte en un gran SER.

El vendedor exitoso siempre es un individuo que se destaca entre la multitud. Sé un Hombre, no un espejo humano que refleja las ideas, opiniones y deseos de todos los que te rodean. Sé creativo, no imitativo. La adulación es el alimento de los simios, no de los seres humanos.

Expresión personal. Aunque la expresión personal en cuanto a la vestimenta, la forma de caminar, la voz, etc., apenas puede llamarse *cualidad mental*, debe, en cambio, considerarse como una *expresión* de las cualidades mentales: manifestaciones externas de estados internos. Esto es tan cierto que la gente juzga naturalmente el carácter de uno por estas expresiones externas. Y, además, hay una sutil reacción de las manifestaciones externas de uno sobre sus estados mentales. La forma de caminar, el porte y la conducta influyen en la actitud mental de uno, como podemos comprobar cambiando estas manifestaciones externas y observando el cambio de nuestros sentimientos. Como alguien dijo una vez: «vestir con elegancia imparte una serenidad y paz mucho mayores que otras cosas en la vida, como la sabiduría o la excelencia».

Y, en cuanto a las actitudes físicas, etc., escuchad lo que nos dicen varios eminentes psicólogos. El profesor Halleck asegura: «Al inducir una expresión a menudo podemos provocar su emoción aliada». El profesor James dice: «Silbar para mantener el valor no es una mera figura retórica. Por otra parte, si te sientas todo el día en una postura abatida, suspiras y respondes a todo con una voz lúgubre, tu melancolía persiste. No hay precepto más valioso en la educación moral que este: Si queremos vencer las tendencias emocionales indeseables en nosotros mismos, debemos recorrer asiduamente, y en primer lugar con sangre fría, los *movimientos exteriores* de aquellas disposiciones contrarias que deseamos cultivar. Suaviza el ceño, ilumina la mirada, contrae el aspecto dorsal en lugar del ventral del marco, y habla en clave mayor, pasa el cumplido genial y tu corazón debe estar realmente helado si no se descongela gradualmente».

El Dr. Woods Hutchinson dice:

«Hasta qué punto las contracciones musculares condicionan las emociones, como ha sugerido el profesor James, puede comprobarse fácilmente mediante un pequeño ejercicio curioso y sencillo sobre un grupo de los músculos voluntarios más pequeños del cuerpo: los que mueven el globo ocular. Elija un momento en el que esté sentado tranquilamente en su habitación, libre de todos los pensamientos e influencias perturbadoras. Luego, levántese y, adoptando una posición fácil, ponga los ojos hacia arriba y manténgalos en esa posición durante treinta segundos. Instantánea e involuntariamente será consciente de una tendencia hacia ideas y pensamientos reverenciales, devocionales y contemplativos. A continuación, gire los ojos hacia los lados, mirando directamente a la derecha o a la izquierda, a través de los párpados semicerrados. En menos de treinta segundos, imágenes de sospecha, de malestar o de desagrado surgirán sin proponérselo a la mente. Si se gira la mirada hacia un lado y ligeramente hacia abajo, las sugestiones de celos o de coquetería podrán surgir de forma imprevista. Dirija la mirada hacia abajo, hacia el suelo, y es probable que caiga en un ataque de ensueño o abstracción».

Maudsley dice:

«La acción muscular específica no es un mero exponente de la pasión, sino verdaderamente una parte esencial de ella. Si intentamos, mientras los rasgos están fijados en la expresión de una pasión, convocar en la mente otra diferente, nos resultará imposible hacerlo».

En vista de las afirmaciones anteriores, podemos ver fácilmente la importancia de **cultivar aquellas expresiones externas que están relacionadas con estados mentales o sentimientos deseables**. Al hacerlo, despertamos en nuestras mentes esos estados o sentimientos particulares. Y, además, tendemos a impresionar a los demás con la posesión por nuestra parte de las cualidades mentales correlacionadas. La expresión externa de uno es un poderoso instrumento de sugestión para los demás, y la gente se ve inconsciente e instintivamente afectada por ella, para nuestro beneficio o perjuicio. Consideremos, pues, brevemente, los principios generales que subyacen en la expresión personal según las líneas indicadas.

El transporte y el paseo. En la primera parte del capítulo anterior, bajo el epígrafe de «Respeto a sí mismo», te hemos dado el consejo de una buena autoridad sobre el porte adecuado. La clave es: Llevarse a sí mismo de una manera que denote autorrespeto, equilibrio y consideración hacia los demás.

Otro experto da las siguientes indicaciones para la posición correcta al estar de pie: «(1) Talones juntos; (2) cabeza levantada, con la barbilla ligeramente metida en lugar de sobresalir; (3) ojos al frente; (4) hombros echados hacia atrás pero no elevados; (5) pecho expandido; (6) abdomen ligeramente metido y sin dejar que sobresalga; (7) brazos caídos naturalmente a los lados, con los meñiques tocando ligeramente los lados del muslo. Esto puede hacer que te sientas un poco rígido e incómodo al principio, pero, si perseveras, pronto se establecerá como una segunda naturaleza contigo».

Otra autoridad dice:

«La manera más fácil de adquirir un porte correcto es imaginar que estáis suspendidos desde lo alto con un cordel, estando el extremo más bajo del cordel sujeto al extremo inferior de vuestro esternón. Si te pones de pie y caminas como si estuvieras suspendido, el resultado será que adquirirás una marcha fácil, grácil y deslizante, y un porte correcto y una posición natural».

Otro da el siguiente consejo:

«El siguiente método, si se observa al caminar y al estar de pie, impartirá un deseable aplomo físico y lo mantendrá erguido y en una actitud grácil mientras camina: Póngase de pie con la espalda hacia la pared, con los talones, las piernas, las caderas, los hombros y la parte posterior de la cabeza tocando la pared, y con la barbilla ligeramente metida. Presione contra la pared con firmeza. Se encontrará en una posición incómoda, antinatural e incorrecta. Luego, manteniendo los talones contra la pared, permita que su cuerpo se balancee hacia delante en una posición natural, teniendo cuidado de mantener el cuerpo firme en la misma «forma», evitando la relajación, balanceándose hacia delante solo desde las articulaciones de los tobillos. Cuando vea que ha alcanzado la posición correcta, aplomada y natural, manténgala, y marche hacia delante en lo que será la posición natural, normal y bien equilibrada para caminar. Practique esto repetidamente, varias veces cada día, hasta que haya adquirido completamente el hábito».

Dar la mano. Cuando choques la mano de otra persona en el acto de «estrechar la mano», no lo hagas de una manera desganada y fría, no extiendas a la otra persona una mano flácida y pegajosa como la de un pez. Toma su mano como si te gustara hacerlo. Pon interés en el procedimiento. Más que eso, ponle sentimiento. Arroja al apretón de mano el sentimiento: «Me gustas y te gusto». Luego, cuando retires tu mano, si es posible, deja que tus dedos se deslicen sobre la palma de su mano de forma acariciadora, permitiendo que su primer dedo pase entre tu pulgar y tu índice, acercándose a la horquilla del pulgar. Practica este gesto hasta que puedas realizarlo sin pensar en ello. Darás con el método. Agarra la mano de la otra persona «como si fuese para ti el esperado suegro millonario de tu novia adorada».

La voz. El vendedor debe cultivar una voz expresiva. Su voz debe transmitir su creencia en lo que está diciendo y su interés en la historia. En este sentido, le será útil aprender a visualizar sus pensamientos, es decir, a hacerse una imagen mental de lo que está diciendo.

Uno siempre puede describir mejor lo que ve ante sí. En la medida en que tú puedas ver tu imagen mental, así será tu grado de poder para expresarla a otro en palabras, y así será el grado de sentimiento en tu tono. La voz debe expresar el significado de tu pensamiento en lugar de ser simplemente el símbolo de este.

Intenta decir «Buenos días» como si lo quisieras decir, y luego dilo de la forma habitual. ¿Ves la diferencia? **Pon tu pensamiento y tu sentimiento en tu voz.** Olvídate de ti mismo y del otro y concentra tu pensamiento y tu sentimiento en tu voz.

Muchas personas cometen el error de «hablar con los músculos en lugar de con los nervios». Ponen la energía muscular en sus palabras, cuando deberían usar la energía nerviosa, o la fuerza del pensamiento. La primera tiene muy poco efecto en la mente del otro, mientras que la segunda vibra sutilmente y llega a los sentimientos de los destinatarios.

Siente, cuando quieras hablar de forma impresionante, tu tono reflejará lo mismo y denotará un sentimiento similar en los demás.

Vale la pena recordar que uno puede «bajar» la voz de una persona excitada a su propio tono, si esta se mantiene imperturbablemente en el tono habitual, de manera firme. Esto no solo «baja» la voz del otro, sino que sus sentimientos también seguirán el mismo camino. Además, también consigues mantener tu propio temperamento y aplomo.

Nunca levantes la voz porque otro levante la suya. Resiste la tentación y mantén tu aplomo y tu poder al hacerlo. Vale la pena recordar esto.

Los ojos. Aprende a mirar a la gente a los ojos cuando te dirijas a los demás. No lo hagas de forma fija, sino con firmeza, amabilidad y facilidad. Esto puede adquirirse con un poco de práctica. Practica contigo mismo en el espejo si lo prefieres.

Una mirada cambiante e inquieta causan una mala impresión, mientras que una mirada firme y honesta inclinará a la gente a tu favor.

Verás que las personas fuertes —las que influyen en los demás— casi siempre tienen una mirada firme y fuerte. Vale la pena la práctica, el trabajo y el tiempo, para adquirir este rasgo.

La ropa. A menudo se conoce a una persona por su ropa, o al menos se le juzga por ella. El vendedor debe prestar atención a este aspecto de la expresión personal, ya que contará mucho a su favor o en su contra.

El primer punto que se debe recordar es que la *limpieza* es el requisito fundamental en la vestimenta. Mantén tu ropa limpia y bien planchada. En particular, mantén tu ropa blanca limpia, porque no hay nada en la forma de vestir que actúe tanto en contra de una persona como la ropa sucia.

Otro punto importante es mantener las extremidades bien cuidadas, es decir, la cabeza, los pies y las manos. Un pelo sucio y un peinado desaliñado; un cuello sucio o deshilachado; un par de zapatos viejos o sin lustrar; unas mangas raídas o unos puños desgastados son cosas que se notan más fácilmente y cuentan más en contra de un vendedor que un traje raído. Es mejor un traje viejo y bien cuidado, con un corte de pelo elegante, zapatos y puños limpios, que lo contrario.

Uno debe vestir siempre una ropa tan buena como le permitan sus medios, y que esté en consonancia con su ocupación y posición. La regla es conseguir un material tan bueno como sea posible, y con un corte razonable dentro del estilo predominante, pero evitando todos los extremos o diseños extravagantes. *Un hombre de negocios bien vestido no debe dar la impresión de ser desaseado ni de ir «disfrazado».* Debe presentar una apariencia de pulcritud general sin atraer ninguna atención especial sobre su ropa. Cuando la ropa de alguien atrae especialmente la atención, ese vendedor no está bien vestido, sino mal vestido o demasiado vestido. Hay que buscar el equilibrio entre ambos extremos. Merece la pena fijar en la memoria el consejo de Polonio a su hijo: «Tan costoso tu hábito como tu bolsa pueda comprar, pero no expresado en fantasía; rico, no llamativo; porque la ropa suele anunciar al hombre».

Detalles de la apariencia. El aseo personal y la pulcritud son requisitos previos del vendedor que desea producir una impresión favorable. No hay nada que tienda tanto a perjudicar al hombre de negocios medio con respecto a un nuevo cliente como la apariencia personal. El cuerpo debe estar bien aseado; el pelo recortado y bien peinado; la cara bien afeitada; los dientes bien cepillados; las uñas limpias; los zapatos lustrados; la corbata y el cuello limpios; la ropa planchada. Se debe evitar que el aliento huela a alcohol o a tabaco, y también el olor a perfumes fuertes en la ropa o en el pañuelo. Las manchas amarillentas del cigarrillo que se ven en los dedos, así como el olor desagradable que conlleva el hábito de fumar, han hecho que muchos pierdan una actitud favorable. Estas cosas se ven instintivamente como manifestaciones de la mente del vendedor, como una parte de su personalidad, y con mucha razón, puesto que si la mente se mantiene por encima de ellas no se manifiestan. Todas estas cosas contribuyen a formar la impresión que una persona siempre causa a otra en el primer encuentro, y que tienen tanto que ver con la obtención de aspectos positivos durante la aproximación del vendedor.

CAPÍTULO IV
LA MENTE DEL COMPRADOR

El segundo elemento importante en una venta es la mente del comprador. **En la mente del comprador se libra la batalla de la venta**. Dentro de sus límites se manifiestan los movimientos que ganan o pierden el día. Como ha dicho un escritor sobre el tema: «El cerebro del comprador es el tablero sobre el que se juega la partida. Las facultades del cerebro son las personas. El vendedor mueve o guía estas facultades como lo haría con las fichas de ajedrez o las damas en un tablero». Para comprender el terreno sobre el que debe librar su batalla, y los elementos mentales que debe combatir, persuadir, mover, empujar o atraer, debe comprender las diversas facultades mentales, así como la mente en su conjunto. Consideremos, pues, las distintas facultades que emplea activamente un comprador en el proceso mental de una compra.

1. LA CALIDAD.

En primer lugar, consideremos lo que los frenólogos llaman «calidad», con la que expresan los diversos grados de finura o tosquedad en la constitución mental de una persona, que generalmente se indica por su apariencia y características físicas. Esta «calidad» en una persona es similar a lo que llamamos «clase», «crianza» o «sangre» en los animales superiores. Es difícil de explicar, pero se reconoce universalmente. En un extremo de la «cualidad» encontramos a los individuos que son de grano fino, refinados, de alta tensión, intensos e inclinados a ser susceptibles a la influencia emocional o sentimental, a la poesía, a la música, etc., y son propensos a ser más o menos *no prácticos* y a no estar en armonía con el mundo material de los seres humanos y los negocios. En el otro extremo encontramos a aquellos individuos que son de grano grueso, de gustos toscos y poco refinados, animales, groseros, poco refinados y, en general, «brutos». Entre estos dos extremos encontramos muchos grados en la escala. Los signos físicos externos de la persona, tales como la tosquedad o la finura de su piel, el cabello, las uñas, las orejas y los rasgos faciales, así como su forma y características generales, por lo general darán al observador cuidadoso la clave del grado de «calidad» de una persona. Será bueno que el vendedor se familiarice con estas características, ya que arrojan mucha luz sobre el carácter general de las personas.

Siguen por orden los llamados *Temperamentos*, término con el que los frenólogos designan las clases generales en las que encajan los individuos. Sin embargo, por regla general, un individuo manifiesta los elementos de varios de los temperamentos, es decir, están mezclados en él. Las mejores autoridades frenológicas clasifican los temperamentos de la siguiente manera (1) El Vital; (2) El Emotivo; (3) El Mental; cuyas características se describen como sigue:

El temperamento vital.

Este temperamento se caracteriza por un predominio de las propensiones puramente físicas o «animales». Aquellos en los que predomina se distinguen por una cabeza redonda, amplio espacio entre los ángulos de los ojos y las orejas, cabeza lateral llena, frente ancha (no necesariamente alta). Generalmente, son carnosos con una apariencia «más bien voluminosa», con tendencia a tener hombros anchos y pecho profundo y con un «cuello de toro» —animales espléndidos, de hecho—. Sus características mentales son el amor por la comida y la bebida, y las comodidades de los animales, la impulsividad, la impetuosidad, la cordialidad, el temperamento rápido, el celo y el ardor, a menudo sagaces y astutos, pero sin gran profundidad, susceptibles de ser halagados y de apelar a emociones y prejuicios egoístas, y amantes del placer. Por lo general, son egoístas y se aferran a lo que satisface su placer y bienestar físico. Tratan de «obtener todo lo que les llega», y al mismo tiempo tienden a la convivencia y están deseosos de ser considerados «buenos compañeros». Suelen ser excitables y se desequilibran fácilmente. Aquellos en los que este temperamento es deficiente manifiestan características físicas opuestas a las mencionadas anteriormente, y son más o menos anémicos, o sin sangre, y muestran una falta de vitalidad y bienestar físico. Aquellos en los que predomina este temperamento son buenos carniceros, hoteleros, capitanes, ingenieros de locomotoras, comerciantes, políticos, contratistas, etc. Se llega a ellos por sus sentimientos más que por su intelecto.

El temperamento emotivo.

Este temperamento se caracteriza por el predominio de la fuerza muscular, la resistencia, la dureza y el poder de acción. Aquellos en los que predomina se distinguen por una delgadez y parquedad general; rasgos fuertemente marcados y prominentes, normalmente con una nariz grande y pómulos altos; dientes grandes y fuertes; articulaciones y nudillos grandes; las características físicas de Abraham Lincoln, de hecho. Sus características mentales son la determinación, la persistencia, la combatividad, la destructividad, la resistencia, la minuciosidad, la gestión, la capacidad ejecutiva, el poder creativo, la terquedad, el poder de resistencia y, a menudo, un espíritu indomable. Sus emociones no están a flor de piel, pero cuando se despiertan son fuertes y persistentes. Son lentos para la ira, pero son buenos luchadores y permanecerán hasta el final. Por lo general, son astutos y sagaces, por instinto. Son los trabajadores activos y persistentes del mundo. Este temperamento es el que proporciona la fuerza motriz, la capacidad y el gusto por el trabajo. Aquellos en los que este temperamento es deficiente, manifiestan características físicas opuestas a las mencionadas anteriormente, y en consecuencia son reacios al trabajo o al esfuerzo de cualquier tipo.

El temperamento mental.

Este temperamento se caracteriza por el predominio de la fuerza nerviosa, la actividad mental, el poder de razonamiento, la imaginación y el desarrollo del cerebro más que de la fuerza corporal o la actividad física. Aquellos en los que predomina se distinguen por una complexión ligera, huesos y músculos pequeños, una estructura general fina, movimientos rápidos, signos de energía nerviosa, rasgos afilados, labios finos, nariz fina y a menudo puntiaguda, frente alta y ojos expresivos. Sus características mentales son la actividad en los procesos de razonamiento, la imaginación activa, la susceptibilidad a la perturbación por un entorno poco agradable y una compañía desagradable, el amor por la actividad mental y a menudo el disgusto por la actividad física, la sensibilidad, los extremos de sentimiento y emoción, el afán y el entusiasmo, y los rasgos generales designados popularmente como «temperamentales». Aquellos en los que este temperamento es deficiente manifiestan características opuestas a las mencionadas anteriormente, y tienen aversión a la actividad mental.

Temperamentos combinados.

Casi todos los individuos poseen los tres temperamentos mezclados en diversas proporciones y combinaciones. En algunos, un temperamento predomina ampliamente y nos da las características distintivas de esa clase. Pero en otros, a menudo predominan dos temperamentos, quedando el tercero apenas manifiesto. En otros, los tres están tan bien mezclados y equilibrados que al individuo lo denominamos **«bien equilibrado» temperamentalmente, y esto se considera la condición ideal.**

El profesor Fowler, un experimentado especialista en frenología, dice de los temperamentos combinados «El exceso de [temperamento] emotivo con un [temperamento] mental deficiente da poder y lentitud, de modo que los talentos permanecen dormidos. El exceso de [temperamento] vital da poder físico y disfrute, pero muy poco de lo mental y moral, junto con tosquedad y animalidad. El exceso de [temperamento] mental confiere demasiada mente para el cuerpo, demasiado sentimentalismo y exquisitez, junto con precocidad infantil. Mientras que su equilibrio equitativo da un abundante suministro de energía vital, resistencia física, y poder y susceptibilidad mental. Pueden compararse con las distintas partes de un barco de vapor y sus accesorios. El [temperamento] vital es el motor de vapor; el emotivo, el casco o la estructura; el mental, la carga y los pasajeros. Si predomina el vital, se genera más energía animal de la que se puede aprovechar, y causa inquietud, pasión excesiva y una presión que pone en peligro los arrebatos y las acciones manifiestas; el emotivo predominante da demasiada estructura o armadura; se mueve lentamente, y con un [temperamento] mental débil se carga demasiado poco para asegurar los grandes fines de la vida; el [temperamento] mental predominante se sobrecarga, y pone en peligro el hundimiento; pero todos igualmente equilibrados y poderosos, llevan grandes cargas rápidamente y bien, y logran maravillas. Tales personas reúnen un juicio frío con sentimientos intensos y bien gobernados; una gran fuerza de carácter e intelecto con una consistencia perfecta; la erudición con un sólido sentido común; la sagacidad previsora con la brillantez; y tienen el más alto orden tanto de fisiología como de mentalidad».

El vendedor debe conocer a fondo las características de cada uno de los tres temperamentos, y también debe aprender a analizarlos cuando se encuentran mezclados y combinados. La comprensión del temperamento de una persona le dará a menudo la clave de su carácter y disposición general, lo que constituirá una gran ventaja para el vendedor.

Muchos estudiantes de la naturaleza humana dedican toda su atención al estudio de las diversas facultades de la mente, ignorando la fuerza y el efecto de los temperamentos. Consideramos que esto es un error, **ya que un** conocimiento profundo de los temperamentos nos da una clave general del carácter y, de hecho, nos encontramos generalmente que dado un cierto temperamento o una combinación del mismo, un buen frenólogo será capaz de indicar exactamente qué facultades son aptas para ser descubiertas en la ascendencia en tal carácter.

Y como el vendedor medio no puede disponer del tiempo necesario para convertirse en un frenólogo experto, se verá que un aprendizaje exhaustivo de los temperamentos le proporciona su mejor conocimiento práctico en el tema de la lectura del carácter.

Consideremos ahora los diversos grupos de facultades mentales que manifiesta el comprador en su negocio, y que deben ser comprendidos por el vendedor para que pueda satisfacer con éxito los impulsos que surgen de ellos en la mente del comprador. Nuestra consideración de estos grupos de facultades debe ser necesariamente breve, pero incluiremos las características esenciales.

LAS FACULTADES SOCIALES.

Este grupo de facultades incluye la Sexualidad, la Inclinación matrimonial, Amor a la descendencia, la Amistad o Amor a la compañía y el Amor al hogar. La frenología enseña que este grupo ocupa la porción posterior inferior de la cabeza.

La Sexualidad cuando está muy desarrollada hace que uno esté a merced de la atracción del sexo opuesto. Mientras que si está normalmente desarrollada desempeña un papel digno en la vida. Su desarrollo excesivo se manifiesta en el libertinaje. Cuando es deficiente se manifiesta en una aversión al sexo opuesto o en una frialdad y reserva. Las personas en las que esta facultad está en exceso descuidarán los negocios por la atracción sexual, y se dejarán «desviar» por causa de ella. Al vender a una persona de este tipo, manténgalo alejado de este tema en particular, o no le prestará atención.

La inclinación matrimonial, cuando está muy desarrollada, hace que uno esté muy influenciado por su compañero de matrimonio. Un hombre de este tipo se regirá en gran medida por los deseos, gustos y anhelos de su esposa. Así pues, si su esposa «lo dice», la batalla está ganada. Algunos hombres, sin embargo, aunque tienen la sexualidad muy desarrollada, tienen poca inclinación matrimonial, y si no encuentra satisfactorio un amor, es sustituido y una «afinidad» toma el lugar de la esposa.

El amor a la descendencia, cuando está muy desarrollado, hace que uno idolatre a sus hijos y sea capaz de influir a través de ellos. Estas personas son propensas a relatar anécdotas relacionadas con sus hijos y a aburrir a los oyentes con recitales sobre brillo y precocidad infantil. Suelen tener fotografías de sus hijos sobre sus escritorios. Una apelación a los intereses de los niños siempre alcanza la atención y el interés de estos sujetos.

La amistad, o el amor a la compañía, cuando está muy desarrollado, hace que uno busque la sociedad, forme vínculos de amistad, disfrute de los placeres sociales, haga favores a los que le gustan, disfrute entreteniendo y siendo entretenido. Este tipo de personas son más propensas a basar sus negocios en sus gustos y amistades que en la razón o el juicio, y son relativamente fáciles de persuadir por aquellos que les gustan. Una apariencia de sociabilidad les atrae generalmente a quienes la manifiestan. La cualidad del «buen compañerismo» atrae a esta clase de personas.

El amor al hogar, cuando está muy desarrollado, hace que uno se apegue a lugares, localidades y asociaciones. Este tipo de individuo estará lleno de patriotismo, orgullo local, prejuicios y provincianismo. Se resentirá ante cualquier supuesto «desprecio» hacia su localidad, y apreciará cualquier comentario favorable sobre su lugar de origen y su localidad. Estas personas son como los gatos, que se apegan a los lugares más que a las personas. Su municipio suele ser su idea de «mi país».

Las facultades egoístas.

Este grupo de facultades incluye *la Vitatividad*, o Amor a la vida; *la Combatividad*, o Amor a la oposición; *la Destructividad*, o Amor a la ruptura; *la Alimenticidad*, o Amor al apetito; *la Bibatividad*, o Amor a la bebida; *la Adquisición*, o Amor a la ganancia; el *Secretismo*, o Astucia; *la Cautela*, o Prudencia; *la Aprobación*, o Amor a la alabanza; la *Autoestima*, o Confianza en uno mismo. La frenología enseña que este grupo de órganos ocupa los laterales de la parte posterior de la cabeza.

La Vitatividad, o Amor a la vida, cuando están muy desarrollados, hace que uno manifieste una gran determinación por vivir y mucho miedo a la muerte. Cualquier cosa que prometa una mayor salud o una larga vida atraerá fuertemente a estas personas, y cualquier cosa que despierte el miedo a la mala salud o a la muerte les influirá enormemente. Estas personas son excelentes clientes de aparatos sanitarios, libros sobre la salud, etc.

La combatividad, o el amor a la oposición, cuando están muy desarrollados, hace que se desee una «bronca» o una discusión o debate. La mejor manera de manejar a estas personas es dejándolas aparentemente ganar en la discusión, y luego llevándolas a sugerir lo que el vendedor ha tenido en su mente todo el tiempo. A estas personas se las puede guiar o engatusar, pero nunca conducir. Con ellos siempre es un caso de «se atrapa más moscas con miel que con vinagre», o de que el sol caliente hace que el hombre deje caer la capa que el feroz viento del norte no pudo apartar de él. Una persona de este tipo se sentirá tan complacida al vencer a otra en una discusión sobre un aspecto menor, que olvidará el punto principal y estará de humor para ser persuadido. Evita siempre una discusión o disputa directa con estas personas sobre puntos importantes; dejarán que su orgullo de combate oscurezca su juicio. Sin embargo, estarán dispuestos a conceder favores a quienes crean que han vencido en la discusión.

La destructividad, o el amor a la ruptura, cuando están muy desarrollados, hace que uno sienta un gran placer por hacer las cosas de forma nueva; en romper los precedentes y desafiar la autoridad, y en derribar los obstáculos. Si puedes despertar este espíritu en una persona así, mostrándole cómo puede hacer estas cosas con tus productos, los comprará. Un sujeto de este tipo puede interesarse de inmediato en cualquier propuesta que le permita hacer algo de una manera novedosa aquí —desafiar la oposición o la costumbre establecida— o derribar los obstáculos opuestos. La nota clave de esta facultad es: «Abrir camino».

La alimentividad, o amor al apetito, cuando están muy desarrollados, hace que uno se incline hacia la glotonería y dé una importancia excesiva a los placeres de la mesa. Una persona de este tipo «vive para comer» en lugar de «comer para vivir», y puede ser alcanzado a través de su punto más débil: su estómago. Para un individuo así, una buena cena es más convincente que un argumento lógico.

La bibatividad, o amor por la bebida, cuando están muy desarrollados, hace que uno manifieste un gusto desmesurado por los líquidos de todo tipo. En algunos casos, cuando estas personas evitan las bebidas alcohólicas, corren en exceso hacia los «refrescos», como el *ginger-ale*, la bebida de cola, el agua con gas, etc. No se trata de que estas personas sean aficionadas a los efectos del alcohol, sino que el deseo parece ser el de tomar líquidos de alguna forma. Tales personas, si no se controla su apetito, dejarán que su gusto por las bebidas se lleve por delante su juicio y su razón.

La adquisición, o el amor a la ganancia, cuando está muy desarrollada, hace que uno sea muy avaro, codicioso y a menudo tacaño. Pero, cuando no está tan desarrollado, hace que uno manifieste un agudo instinto comercial, y es un factor necesario en la composición mental del comerciante exitoso. Aquellos en los que está muy desarrollado se interesarán por cualquier propuesta que les parezca prometedora para ganar o ahorrar. Al vender a una persona así, el esfuerzo debe consistir en mantener siempre en evidencia el único punto de ganancia o *ahorro*. En algunos casos, esta facultad, demasiado desarrollada y no contrarrestada por otras facultades, hará que un hombre sea «sabio de un penique y tonto de una libra», y concentrará su mirada mental tan estrechamente en el centavo sostenido cerca de su ojo que no verá el dólar un poco más lejos. El «discurso del dinero» es el único que atraerá a estas personas.

El secretismo o la astucia, cuando está muy desarrollada, hace que uno se incline hacia el doble juego, la doblez, el engaño y la trampa. Es la facultad de «zorro», que, aunque es útil hasta cierto punto, se vuelve indeseable cuando se lleva al exceso. Al tratar con una persona de este tipo, hay que estar en guardia en lo que respecta a la aceptación de sus declaraciones en su totalidad. Acepte sus declaraciones «con un grano de sal». Aquellos que desean «combatir al diablo con su propio fuego» pueden llegar a estas personas permitiéndoles pensar que se están extralimitando o sacando lo mejor del vendedor. El vendedor que aparentemente es derrotado por estas personas es muy probable que haya descartado sus métodos de antemano, y haya trazado su línea de retirada por adelantado, de modo que la derrota sea realmente una victoria. Estas personas a menudo sacrifican una ventaja real, con respecto a una cosa grande, a fin de engañar a uno por una pequeña ventaja. Engañar a otro les hace sentir un resplandor de justo bienestar y autosatisfacción, y les hace olvidar el asunto principal del trato. Una pequeña victoria así ganada actúa en ellos como la buena cena para el hombre Alimenticio, o la adulación para la persona Aprobadora. Una facultad desarrollada en exceso es siempre un punto flaco que puede ser utilizado por otros que lo entienden.

o prudencia, aunque es una cualidad admirable cuando se desarrolla normalmente, se convierte, cuando está muy desarrollada, en una cualidad indeseable. Cuando está muy desarrollada hace que uno sea excesivamente ansioso, medroso, con miedo a actuar, propenso al pánico, etc. Hay que cultivar a estas personas con cuidado y hacer que adquieran seguridad y confianza. Hay que tener mucho cuidado en el trato con estas personas para no provocar recelos o alarmas. Hay que tratarlas con la mayor imparcialidad y darles explicaciones completas sobre los asuntos en los que tengan dudas. Por lo general, son muy lentos en dar su confianza, pero cuando confían en una persona son muy propensos a mantenerla. Su temor impide que cambien cuando la confianza está asegurada. Por lo general, no se puede «apurar» a estas personas; necesitan tiempo para ganarse la confianza. Sin embargo, pueden precipitarse ocasionalmente debido a su predisposición al pánico, si se les hace temer que, si no actúan, algún competidor tendrá la oportunidad, o que los precios subirán si no hacen el pedido de inmediato. Estas personas deben ser tratadas con cuidado, y el vendedor que domine su naturaleza será bien recompensado por sus problemas y esfuerzos.

La Aprobatividad, o el amor a la alabanza, cuando está muy desarrollada hace que uno sea susceptible a la adulación, que esté deseoso de alabanzas, y que sea aficionado a «mostrarse» y exhibirse, vanidoso, sensible a la crítica, y generalmente egoísta y a menudo pomposo. Esta cualidad, cuando está muy desarrollada, es una debilidad y da a un adversario una poderosa palanca para trabajar. El vendedor, aunque detesta secretamente esta cualidad en un comprador, encuentra sin embargo un canal de acercamiento muy fácil y un arma de éxito, cuando comprende sus características. Se puede llegar a estas personas mediante un aparente «enamoramiento» de la opinión que tienen de sí mismas, y una manifestación del debido respeto en los modales y las palabras. Son las personas a las que se les aplica generosamente el «jabón blando», y que se dejan llevar por una aparente apreciación de su propia excelencia. Estarán dispuestas a conceder toda clase de favores a quienes sean lo suficientemente capaces de «comprenderlos» y de percibir la existencia de esas cualidades superlativas que el mundo cruel, frío e insensible ha ignorado. Estas son las personas para las que se inventó la palabra «alegre», y que están dispuestas a absorber la oferta mundial disponible de ese artículo.

La autoestima, o la confianza en uno mismo, es una cualidad muy diferente de la que acabamos de describir, aunque muchas personas parecen incapaces de hacer la distinción. La autoestima, cuando está muy desarrollada, hace que uno aprecie sus poderes y cualidades, sin cegarse ante sus defectos. Da un sentido de autoayuda, autoestima, autoconfianza, dignidad, complacencia e independencia. Llevado al extremo, se manifiesta como altanería, soberbia, imperiosidad y tiranía. Es una característica de la mayoría de las personas de éxito que se han abierto camino con su propio esfuerzo. Estas insisten en salirse con la suya y en usar su propia mente; se resisten a las influencias o sugerencias aparentes, y a menudo rechazan deliberadamente una propuesta simplemente porque piensan que se está haciendo un esfuerzo para obligarles a ello. La mejor manera de tratar con estas personas es reconocer francamente su derecho a pensar por sí mismas, tanto en su forma como en su tono y en sus acciones, y presentarles la propuesta de manera impersonal, dejando aparentemente todo el asunto a su buen juicio. Una apelación lógica les atrae siempre que no cometas el error de enfrentarte a ellos como un oponente en la discusión. Tú puedes hacer el papel de abogado ante ellos, pero recuerda siempre que ellos quieren desempeñar el papel de juez, no el de abogado contrario. Si se les sugiere sutilmente un asunto de manera que les haga pensar que se les ha ocurrido a ellos mismos, lo favorecerán. Siempre hay que brindarles la oportunidad de pensar en el asunto por sí mismos; les gusta. No es necesario amargarse con estas personas ni adularlas. Todo lo que hay que hacer es mantener el respeto por uno mismo, pero al mismo tiempo dejar que caminen un poco por delante de uno, o que se pongan un poco más altos; eso es todo lo que necesitan para sentirse cómodos. Prefieren estar un poco más altos o por delante de una persona fuerte que de una débil: es más halagüeño para ellas. Aprecian al que les obliga a usar sus armas más pesadas, pero que finalmente les permite reclamar la victoria.

CAPÍTULO V
LA MENTE DEL COMPRADOR
(CONTINUACIÓN)

LAS FACULTADES DE APLICACIÓN.

Este grupo consta de dos cualidades: la *Firmeza*, o Decisión; y la *Continuidad*, o Paciencia. Estas facultades, junto con la Autoestima, están situadas en la parte superior de la cabeza.

La Firmeza, o la Decisión, cuando está muy desarrollada, hace que uno manifieste estabilidad, tenacidad, fortaleza de propósito, llegando a menudo al punto de obstinación, empecinamiento y testarudez. Estas personas no pueden ser conducidas u obligadas a nada. Son «muy fijas» en sus costumbres, y cuando adoptan una postura son muy propensas a mantenerse en ella «con o sin razón». Son propensos a luchar hasta sus últimas consecuencias por lo que consideran sus principios, y se aferrarán hasta el final a lo que creen que es correcto. Intentar conducirlos por la fuerza es darse de cabeza contra un muro.

La única manera de manejar a estas personas es intentar que se interesen por tu versión del caso antes de que se hayan «decidido» y hayan formado su opinión. Si ya tienen prejuicios contra tu propuesta, la única manera es abandonar la lucha desde el frente, y tratar de presentar la materia desde un punto de vista o perspectiva diferentes para que se presenten nuevos aspectos que enfoquen el asunto bajo una nueva luz.

Estas personas nunca cederán a menos que puedan decir: «Oh, eso, por supuesto, cambia por completo la cuestión», u «Oh, bueno, amplía el punto de vista que yo tenía del tema», o «Esta es una propuesta completamente diferente», etc.

Deja que se sientan vencedores en posturas a las que aferran, y trata de captar su interés en algunos otros aspectos más. Así, de esta manera, tendrás la oportunidad de ganar desde ese nuevo prisma, mientras que no tendrás ninguna haciéndolo desde el antiguo.

Sin embargo, si puedes adaptar tu propuesta y debilitar algunos sus prejuicios establecidos, a favor o en contra, habrás ganado la batalla, ya que la calidad de su estabilidad jugará entonces a tu favor en lugar de en contra.

Tendrás que adaptar tu caso a sus moldes, cortar tu prenda según su patrón. Un caballo o una mula testarudos a menudo pueden ponerse en marcha dirigiendo su atención a una cosa nueva, como colocando un trozo de papel retorcido en su oreja, ajustando su arnés de una manera nueva, etc. El mismo principio funcionará con las personas obstinadas, «ancladas» en sus costumbres. Si se les quita de la cabeza el asunto en cuestión, serán más racionales. Deja que se salgan con la suya en sus propios puntos de vista, y planea a continuación un ataque por el flanco o por la retaguardia. No se puede derribar su muro de piedra, sino que hay que salvarlo, horadar un túnel por debajo o rodearlo.

La Continuidad, o la Paciencia, cuando está muy desarrollada hace que uno se «apegue» a una cosa una vez emprendida, que manifieste paciencia y perseverancia, y que se entregue a una cosa principalmente excluyendo las demás. Es difícil interesar a estas personas con cosas nuevas: desconfían instintivamente de la idea *nueva* y se aferran a lo viejo. Son muy conservadoras y no les gustan los cambios. La mejor manera de tratarlas es evitar que se sorprendan con cosas totalmente *nuevas* y vincular cuidadosamente la idea o cosa nueva a la antigua, de modo que parezca una parte de esta. Las cosas nuevas con nombres antiguos no molestan a estas personas tanto como las cosas viejas con nombres nuevos. Lo que les molesta es la forma y el nombre, más que el fondo. Aborrecen el vino añejo en botellas nuevas, pero aceptan el vino joven en botellas viejas.

Los argumentos basados en las cosas «ya establecidas» o en las «de antaño» los atraen. Las cosas deben ser «respetables», «bien establecidas», «que pasen la prueba de los años», «ninguna noción novedosa», etc., para atraerlos. No intentes hacer cambios nuevos y sorprendentes con ellos, ya que enseguida tendrán prejuicios contra ti. Si te adaptas a sus ideales, serán excelentes amigos y clientes estables. Las palabras «conservador» y «establecido» suenan a música celestial en sus oídos. Por el contrario, las personas en las que esta facultad es deficiente se inclinarán por las cosas nuevas solo por el hecho de que son nuevas. Esta facultad, ya sea en exceso o en defecto, afecta fuertemente el juicio, de modo que el vendedor debe tenerla muy en cuenta.

Las facultades religiosas y morales.

Este grupo de facultades incluye *la Conciencia* o Principio moral; la *Esperanza* u Optimismo; la *Espiritualidad*;

la *Veneración* o Reverencia; y la *Benevolencia*, o Bondad humana. Los órganos que manifiestan estas cualidades están situados en la parte delantera de la cabeza.

La Conciencia, o Principio moral, cuando están muy desarrollados le da a uno un elevado sentido del derecho, la justicia, la verdad, la virtud y el deber. Al tratar con estas personas, ten especial cuidado de no hacer declaraciones falsas, tergiversaciones y exageraciones. En lugar de eso, atente a los hechos concretos y verídicos del tema a tratar. Evita también cualquier apariencia de engaño o de marrullería, historias de tratos astutos, etc. Estas personas se convierten en amigos incondicionales y firmes si se los trata como se merecen, pero se vuelven prejuiciosos contra los trabajadores y las empresas de las que sospechan que hacen tratos injustos, o en las que pierden la confianza. Su lema es «lo correcto es lo correcto», y hay que seguirlo en todos los tratos que realices con ellos. Son «la sal de la tierra» y es una lástima que no haya más como ellos. Es cierto que a veces esta facultad parece pervertirse en hipocresía. Entonces lo que hay que hacer es distinguir entre lo verdadero y lo falso, como en cualquier otro aspecto de la vida.

La Esperanza, o el Optimismo, cuando están muy desarrollados hace que uno vea el lado bueno de las cosas, espere resultados favorables, mire con confianza hacia delante y espere mucho del futuro.

Estas personas se muestran receptivas a los llamamientos al éxito futuro, a las perspectivas brillantes, a las perspectivas alegres y a las nuevas empresas que parecen prometedoras. Se entusiasman cuando se les presentan adecuadamente las propuestas y prefieren tratar con vendedores de características mentales similares. Son «toros» naturales en los negocios. Cuida de hacerte pasar por un «oso» cuando trates con ellos. Disfrutan más que nada de una buena charla animada y alegre. Son buenas personas para tratar, sobre todo si la cualidad en cuestión está equilibrada por la precaución y entrenada por la experiencia.

La Espiritualidad, cuando está muy desarrollada, tiende a hacer que uno viva por encima de la existencia material ordinaria. Son personas que confían en la «luz interior» y se inclinan hacia el misticismo. Experimentan una conciencia religiosa por encima de lo ordinario. Cuando la espiritualidad se manifiesta en un grado menor, se evidencia por el sentimiento «religioso» ordinario. Cuando la espiritualidad está corrompida, deriva en superstición, credulidad y «psiquismo».

Las personas en quienes esta facultad se halla activa parecen sentir que los negocios son una necesidad degradante. Nunca se sienten completamente a gusto con ellos, a menos que los bienes que manejan estén en la línea de su inclinación general, como, por ejemplo, libros religiosos, etc. Así pues, sus rasgos y gustos comerciales surgen de las otras facultades, más que de esta en particular. Sin embargo, es fácil que tengan prejuicios contra alguien que imaginan que no está de acuerdo con ellos en sus creencias y convicciones, y son propensos a dejarse llevar más por los sentimientos y la emoción que por el juicio imparcial y la razón pura. Suelen ser firmes en sus gustos y en lo que les molesta, y son susceptibles de apelar a su imaginación.

La Veneración, o Reverencia, cuando está muy desarrollada hace que uno manifieste reverencia y respeto extremo a la autoridad de todo tipo. Estas personas suelen ser buenos miembros de la iglesia y ciudadanos que respetan la ley. En los negocios, esta facultad puede hacer que hagan un especial hincapié en la autoridad y el ejemplo. Si algún gran comerciante ha encargado ciertas mercancías, se sentirán impresionados por su ejemplo. Tienen muy en cuenta los testimonios y las recomendaciones. Al tratar con ellos hay que evitar hablar con ligereza de cualquier cosa o persona estimada por ellos, ya que se resentirán rápidamente. Suelen ser decididamente convencionales y pretenden cumplir con todas las exigencias de la «respetabilidad» y las costumbres sociales.

La Benevolencia, o Bondad humana, cuando está muy desarrollada hace que uno manifieste simpatía, amabilidad, generosidad y filantropía. Estas personas son altruistas y siempre están dispuestas a hacer el bien a otra persona. Se mueven por sus sentimientos más que por su razón y juicio, y a menudo basan sus transacciones comerciales más en la amabilidad y el sentimiento propio que en el juicio imparcial y la política comercial. Son generosos en lo que respecta a sus simpatías y sentimientos, y demasiado a menudo se aprovechan de ellos personas egoístas que juegan con su naturaleza altruista. Con demasiada frecuencia se les considera «fáciles» y se les hacen imposiciones en consecuencia. La ecuación individual del vendedor juega un papel importante en el trato con este tipo de sujetos.

De estos diversos grupos de facultades surgen muchas combinaciones de carácter. Si bien es cierto que hay una variedad casi infinita entre las personas; no obstante, es cierto que hay algunas clases generales en las que a la mayoría de los compradores se les podrá encajar o agrupar por conveniencia. Consideremos ahora algunas de las clases más comunes y veamos cómo se manifiestan las facultades en combinación.

El Comprador argumentativo. Esta cliente encuentra su mayor placer en discutir, combatir y contender con el vendedor: se trata de discutir por discutir, no por la verdad o por sacar ventaja. Este rasgo surge de la combatividad y la destructividad desarrolladas. No tomes a estas personas demasiado en serio. Deja que disfruten de una victoria en asuntos menores, y luego, después de ceder con gracia, engatúsalos en las líneas principales de la charla de ventas. En el mejor de los casos, están discutiendo sobre términos, definiciones, formas, etc. y no sobre hechos. Deja que ellos impongan sus propias definiciones, términos y formas, y luego acepta su pedido de los productos que tú has encajado en su lado del argumento. Sin embargo, si el argumento se basa en un verdadero razonamiento y con una intención legítima, entonces razona con ellos con muchísima calma y respeto.

El Comprador engreído. Este tipo está encantado de conocerse a sí mismo. Ya te he hablado de él anteriormente. Combate con él con sus propias armas. Aparentando que le das la razón, puedes trabajar en tus argumentos y en tu discurso de venta sin oposición. Adúlale con frases del tipo «como usted bien sabe por propia experiencia» o «como su buen juicio le habrá dicho», etc. De esta manera le harás sentir que te das cuenta de que estás en presencia de un grandísimo hombre. Haciendo esto, ya será tuyo…

El Comprador «Muro de piedra». Esta persona tiene la autoestima y la firmeza muy desarrolladas. Te he hablado de ella hace poco. Debes sobrepasarla, horadar un túnel por debajo, o caminar alrededor de su muro de piedra repleto de reservas y terquedad. Deja que mantenga su muro intacto: le gusta, le hace sentir segura y sería una pena privarlo de él. Pero con una pequeña búsqueda cuidadosa generalmente mostrará que ha dejado su retaguardia sin vigilancia. No te dejará entrar por la puerta principal, así que ve a la puerta trasera o a la puerta lateral de la sala de estar, que no están tan bien protegidas.

El Comprador irritable. Se trata de una desagradable combinación de Aprobatividad y Combatividad, en relación con una mala digestión y unos nervios descontrolados. No discutas con él y deja que sus modales te resbalen como el agua sobre el plumaje de un pato. Mantén tu discurso de ventas, y sobre todo mantén la calma, la confianza y habla en tono uniforme. Esta forma de actuar tenderá a reducirlo en gran medida. Si demuestras que no le tienes miedo y que no tienes la más mínima intención de enfadarte, manteniendo tu tono firme pero controlado y nunca fuerte, él bajará gradualmente hasta ponerse a tu nivel. Si pierdes los nervios, es mejor que te marches. Pero es mucho más inteligente que simplemente ignores su «gruñido» y mantengas la calma.

El Comprador de «Caballo salvaje». Esta persona tiene una gran destructividad y autoestima, y quiere manejar las cosas él mismo. Intentará dominarte. Mantén también la calma, el buen humor, el dominio de ti mismo y la firmeza, con mucho respeto. No dejes que te «ponga nervioso». A menudo es más un «farol» que otra cosa. Sigue a lo tuyo y no te asustes. Mantener la firmeza y la calma es la clave para tratar con este tipo de clientes.

El Comprador precavido. Este perfil generalmente tiene la Cautela y la Continuidad bien desarrolladas, y exhibe una Esperanza bastante deficiente. Es conservador y temeroso. Evita asustarlo con ideas de cosas «nuevas» o «experimentos». Si vendes cosas o ideas nuevas, no olvides mezclarlas con cosas con las que él está familiarizado: **asocia lo nuevo y desconocido con lo viejo y familiar**. Y sé conservador y cuidadoso en tu discurso, no le des la idea de que eres un radical o alguien que apuesta por lo nuevo. Para él, sé una «persona chapada a la antigua».

El Comprador astuto. Este tipo de cliente tiene una gran astucia: pertenece a la tribu de los zorros. Le gusta planificar las cosas por sí mismo, de modo que, si te contentas con darle amplias insinuaciones, acompañadas de miradas expresivas, sobre lo que se puede hacer con sus bienes, será capaz de planear algo en esa dirección y, pensando que todo ha sido idea suya, se sentirá complacido e interesado. Hazle saber que aprecias su astucia, sobre todo si demuestra que su capacidad de aprobación está bien desarrollada. La mayoría de las personas astutas se enorgullecen de serlo, y disfrutan de buen halago en ese sentido.

El Comprador digno. Esta persona tiene una gran autoestima y probablemente también un elevado grado de aprobación. En cualquier caso, deja que desempeñe el papel que la naturaleza le ha asignado y tú desempeña el tuyo. Tu parte consiste en reconocer y respetar su dignidad con tus modales y tu tono. Tanto si la dignidad es real como si es supuesta, el reconocimiento y la aceptación de esta se aprecian y se disfrutan. Imagina que estás en presencia de tu venerado bisabuelo o de un obispo y el resto será fácil. Una vez conocimos a un vendedor jovial, pero indiscreto, que perdió una gran venta con un comprador de este tipo al darle unas palmaditas en el hombro y llamarlo «amigo». Al comprador casi le dio ataque de apoplejía y el vendedor perdió por completo la venta.

El comprador «malo». Esta persona se mueve por la adquisición. Desconfía de ti desde el principio, pues siente que pretendes sacarle el dinero. No la culpes, ella es así. En lugar de eso, desvía su atención de ese tema y dedícate a otro, diciendo que tú tienes algo con lo que *podrá ganar dinero fácilmente*, o que tienes algo que ofrecerle que le hará ahorrar una buena suma de dinero. Si incides en estos puntos, habrás despertado su curiosidad. Luego, continúa en la misma línea: **algo que le haga ganar dinero o algo que le ahorre un gasto. Estos son los dos únicos argumentos que puede asimilar.**

El comprador inteligente. Estas personas dependen casi por completo de la razón y el juicio. Son escasas. Cuando te encuentres con una de ellas, deja de lado todo intento de jugar con los puntos débiles, los prejuicios o los sentimientos, y limítate estrictamente a las afirmaciones lógicas y racionales, a la presentación de tu propuesta y a la argumentación sobre la misma. No intentes ganártela con sofismas, argumentos a partir de premisas falsas u otras falacias sin una base sólida. Él las detectará enseguida y se sentirá indignado. Habla con franqueza y cíñete a los hechos, las cifras, los principios y la lógica.

Hasta ahora nos hemos ocupado de la mente voluntaria o externa del comprador. Estudiemos ahora su mente involuntaria o interna. Hay muchos otros términos utilizados por los psicólogos para designar estas dos fases de la mente; **el hecho importante es que existen dos fases o planos de la mente que operan en una venta**. Veamos cómo funcionan, cómo son o cómo se llaman.

Dejando de lado por el momento las teorías y la terminología psicológicas actuales, examinemos los hechos del caso. Una breve observación nos mostrará que existen dos partes en la mente de una persona, o dos fases de actividad. En primer lugar, existe una parte de la mente que actúa como la mente reptiliana, como un animal salvaje o como un niño. Es decir, que **actúa por impulso y sin control de la voluntad**. Su atención se atrae fácilmente, pero se mantiene con dificultad a menos que se despierten el interés y la curiosidad. Este tipo de comprador es curioso, aficionado a la novedad, inquisitivo, impulsivo, de fácil persuasión, susceptible a las impresiones, susceptible a la sugestión, imitativo, presa del pánico, apto para «seguir al líder», emocional, dependiente del sentimiento más que de la razón; sujeto a la persuasión, actúa casi automáticamente en respuesta al deseo despertado.

Pensemos en esta parte de la mente como la herencia de la raza procedente del pasado, la mente instintiva, la mente elemental de la raza antes de que el intelecto ocupara su trono. Esta parte de la mente la poseen todos los individuos de nuestra raza. Por muy desarrollado que esté el individuo, tiene esta parte de la mente. Por mucho que la controle, siempre está ahí como fondo y base de su otro tipo de mente. La diferencia en el autocontrol de los individuos depende casi por completo de la otra parte de la mente, que ahora consideraremos: **la Mente** voluntaria, en la que el intelecto y la voluntad son los elementos predominantes.

La fase que acabamos de considerar puede llamarse **Mente involuntaria, en la que el Deseo y el Sentimiento son los elementos predominantes.**

La Mente voluntaria ha llegado al ser humano a través de la evolución. No está tan desarrollada en la mayoría de las personas como se podría suponer al principio.

En la mayoría de las personas predomina la Mente involuntaria, y se dejan llevar por el sentimiento y el deseo más que por el intelecto y la voluntad.

Aquellos en los que la Mente voluntaria está más desarrollada colocan el intelecto por encima los sentimientos, y la voluntad sobre los deseos. Someten sus sentimientos a la inspección y la aprobación de su intelecto, y mantienen sus deseos bajo control por medio de su voluntad.

Estamos acostumbrados a pensar en la voluntad como en algo que actúa, pero en la mayoría de los casos se emplea para refrenar la acción de los deseos, **frenando más que impulsando.**

Uno de los principales deberes de la voluntad desarrollada es el de la inhibición o restricción. Y la inhibición depende de la decisión del juicio o del intelecto.

El animal reptiliano, el salvaje o el niño, tienen poco poder de este tipo; el individuo medio tiene más de niño o de salvaje que el individuo desarrollado.

El individuo desarrollado tiene mayor autocontrol y subordina sus deseos y sentimientos emocionales a su juicio y voluntad, mediante la inhibición o la restricción.

Todo individuo tiene estas dos facetas de la mente —la involuntaria y la voluntaria—, pero esta última se manifiesta en una infinita variedad de grados de desarrollo y poder.

Detrás de toda Mente involuntaria se encuentra la Mente voluntaria protectora. De igual modo, detrás de toda Mente voluntaria, por muy fuerte que sea, está siempre la Mente involuntaria que se resiente de la restricción y se esfuerza por escapar de la mirada de su maestro y expresarse a su manera.

Y el amo a menudo relaja su atención o se cansa de su extenuante tarea. Es entonces cuando la naturaleza oculta se hace visible.

Tal vez el vendedor pueda recordar esta clasificación de las dos facetas de la mente, imaginándolas como *dos socios* que hacen negocios. El vendedor está tratando de asegurar el negocio de la empresa. El socio menor es un tipo fácil de llevar, que posee curiosidad e interés infantiles. Se le puede persuadir y engatusar, y aparentemente actúa siempre según sus deseos y sentimientos del momento, deseoso de quedar bien a los ojos de los demás, ansioso por causar una buena impresión, encontrando más fácil decir «Sí» que «No», que cae fácilmente en los deseos ajenos antes que oponerse a ellos, siendo vanidoso y complaciente. Este socio se llama «el Chico facilón». El otro socio es un tipo totalmente diferente. Es frío y calculador, manifiesta muy pocos sentimientos o emociones, y somete todo a su razón y juicio, sin dejarse mover por prejuicios a favor o en contra, manejando un trato cercano y resistiendo los intentos de engatusarlo o conducirlo. Su nombre es «el Tipo duro».

En la empresa de «el Chico facilón y el Tipo duro» el trabajo está dividido. «El Chico facilón» tiene mucho que hacer en el lugar y se ocupa de muchas cosas para las que su temperamento lo hace especialmente apto. Sin embargo, «el Tipo duro» se encarga de comprar, ya que la experiencia le ha enseñado que su socio «el Chico facilón» no es el adecuado para la tarea, pues está demasiado sometido a sus sentimientos y es demasiado fácil de influenciar. De todos modos, «el Chico facilón» nunca ha sido capaz de decir «no», pero al «Tipo duro» le resulta casi imposible decir «sí». Así que «el Tipo duro» hace la compra, pero «el Chico facilón» mete siempre las narices cuando un vendedor está hablando, porque es de natural inquisitivo, y, siendo celoso, más bien se opone a la autoridad de su socio «el Tipo duro» en el asunto. A veces irrumpe y «el Tipo duro» le deja opinar, y de vez en cuando le deja realizar alguna compra menor, dado que al ser socio debe tenerle cierta consideración a pesar del acuerdo sobre las tareas que cada uno lleva a cabo. Lo curioso es que «el Chico facilón» tiene la idea de que sería un comprador ideal, mucho mejor que «el Tipo duro» de hecho, y no pierde la ocasión de proclamar su supuesta calidad, a pesar de que suele meter la pata muy a menudo.

«El Tipo duro» a menudo está tan ocupado que no puede prestar toda su atención a todas las compras que se realizan. Se cansa y en esos momentos su juicio no es tan clarividente, de modo que es propenso a dejarse influenciar por «el Chico facilón» en esos momentos. Este saca a la luz sus endebles talentos y dotes comerciales. Los vendedores que visitan la empresa son plenamente conscientes de esta situación y planifican las cosas de manera que «el Chico facilón» esté disponible y pueda desempeñar su papel, pues de esta manera podrán hacer con él lo que quieran. Serían capaces de venderle la luna si estuviese en venta. Le gusta decir «Sí» cuando lo engatusan, lo jalean o lo inducen.

Los vendedores que tienen una propuesta comercial provechosa para todas las partes se llevan bien con «el Tipo duro», ya que es accesible cuando se le presenta una operación lógica y esta se explica de una manera comercial. Sin embargo, incluso estos vendedores encuentran en «el Chico facilón» un valioso aliado, ya que a menudo los atiende cuando «el Tipo duro» está ocupado o no está dispuesto a escuchar. Por lo tanto, para todos ellos es una determinante conseguir que «el Chico facilón» entre en escena y esté codo con codo con «el Tipo duro». Algunos afirman haber descubierto un método por el que pueden «desviar» a «el Tipo duro» y conseguir que «el Chico facilón» realice la compra. Y se rumorea incluso que ha habido individuos sin escrúpulos que han pasado por allí cuando «el Tipo duro» no estaba, y han jugado con la debilidad de «el Chico facilón» de una forma vergonzosa. La empresa niega estos rumores, pero los almacenes están repletos de cosas absurdas e inservibles que jamás se venderán, así que puede que después de todo los rumores sean ciertos.

Cada mente humana es una combinación de «el Chico facilón y el Tipo duro». Ambos socios están en evidencia. En algunos casos, «el Chico facilón» tiene mucho más peso e influencia que su socio más capaz; en otros, tienen la misma autoridad; en un tercero, «el Tipo duro» hace valer su derecho y su capacidad, y «el Chico facilón» tiene que pasar a un segundo plano entre protestas. Pero en todos ellos rige el mismo principio. Esto lo saben las personas que entienden cómo funciona el mundo. Lo tienen muy claro. Y si tú, querido lector, dudas de esta afirmación contrastada por hechos psicológicos, analízate a ti mismo, y revisa tu propia experiencia. Descubrirás que «el Chico facilón» te ha gastado muchas bromas pesadas en el pasado, y que «el Tipo duro» ha estado «fuera de juego» en más de una ocasión.

A partir de aquí, empieza a analizar a otros con los que entras en contacto. Descubrirás que todos funcionan de la misma manera, todos tienen y representan, de una manera u otra, a «el Chico facilón y al Tipo duro». Y no hay nada de raro en ello. Todo está alineado con las leyes psicológicas conocidas.

Algunos escritores especializados en el tema de las ventas nos aseguran solemnemente que la parte de «el Chico facilón» de la mente es una «mente superior», pero no es así. **Pertenece a la etapa instintiva del desarrollo mental más que a la racional.** Es una herencia del pasado, ese pasado en el que los seres humanos se movían dejándose arrastrar completamente por el sentimiento y la emoción en lugar de hacerlo por la razón, que llegaría en un desarrollo posterior.

Esta parte de la mente le da a uno vitalidad y energía, pero a menos que sea controlada por el Intelecto y la Voluntad, puede resultar una maldición.

CAPÍTULO VI
EL ENFOQUE PREVIO

Casi todos los profesores o escritores sobre técnicas de venta hacen mucho hincapié en lo que se denomina «el preacercamiento o preaproximación», término que indica los preliminares que conducen al acercamiento o a la conversación con el comprador.

Lo que hemos dicho bajo el título «La mente del vendedor» es en realidad una parte del preacercamiento, ya que está en la naturaleza de la preparación de la mente del vendedor para la entrevista con el comprador. Pero el preacercamiento es mucho más que eso. El preacercamiento es la planificación de la campaña, la «organización de la victoria», como se ha llamado. Es el acopio de munición para la lucha y el establecimiento de la estrategia.

Macbain dice:

> «La preaproximación es el trabajo de cimentación sobre el que el vendedor construye. Comprende toda la información que puede obtener y que será importante a la hora de realizar su aproximación para vender al cliente.
>
> Una venta, de hecho, se parece a la construcción de una chimenea, en la que se

necesita más tiempo para el andamiaje preliminar que para construir la estructura permanente una vez que el andamiaje está terminado».

En primer lugar, una parte importante de la preaproximación es un conocimiento correcto y completo de su producto, sea el que sea. Muchos vendedores se precipitan hacia el enfoque sin saber lo que tienen que vender. No basta con conocer las marcas y los precios, sino que hay que *conocer la mercancía de* arriba a abajo, por dentro y por fuera, desde la materia prima hasta el artículo acabado. Debe sentirse perfectamente a gusto con su mercancía para poder disponer de toda la información sobre ella al alcance de la mano, y así tener la mente libre para la estrategia de la venta.

Un pequeño estudio (inteligente y serio) de su línea de productos no solo le proporcionará un arma eficaz, sino que también le impartirá un sentido de certeza y confianza que no puede tener de otro modo. ¿Qué se pensaría de un profesor de historia natural que no entendiera de animales? Y, sin embargo, muchos vendedores son igualmente ignorantes en su materia.

El vendedor debe conocer sus productos tan a fondo que pueda escribir un tratado sobre ellos, o demostrarlo ante un público de expertos o de personas que los desconocen por completo, siendo esta última tarea probablemente la más compleja. Debería ser capaz de explicar sus virtudes y características particulares a un anciano, o de explicarlas simple y llanamente a alguien que nunca las hubiera visto o que ignorara sus usos.

Sabemos de un vendedor al que su hijo pequeño le pidió que le explicara qué era una caja registradora y que accedió a la petición. Nos dijo que aprendió más sobre su caja registradora en el proceso de esa explicación que lo que había adquirido incluso en el proceso de la demostración técnica en la «escuela de vendedores» de la fábrica.

No siempre es conveniente que el vendedor exponga sus conocimientos sobre sus productos a su cliente —eso generalmente aburriría a este último—, pero debería saberlo todo sobre sus productos. La persona que conoce sus productos de esta manera planta sus pies en la roca sólida y no puede ser arrastrado, mientras que aquel que construye sobre el «medio conocimiento» está siempre en peligro.

Pero la rama más popular del preacercamiento es el conocimiento del cliente. Obtén el mayor número posible de datos sobre las características, los hábitos, los gustos y las aversiones del cliente. Averigua todo lo que puedas sobre su oficio y su manera de llevar a cabo su negocio, así como su historial comercial.

Macbain dice:

«No hay realmente ninguna información sobre un posible cliente de la que se pueda decir que no tiene valor. Por otra parte, el conocimiento de una o dos de las características de la persona a la que se acude puede considerarse suficiente, confiando en la intuición del vendedor para el resto. Se supone, por supuesto, que el vendedor será capaz de llamar a la persona por su nombre, pronunciándolo correctamente durante la primera toma de contacto. Este es el requisito principal, y el resto de la información debe agruparse en torno a él por orden de importancia».

Los datos relativos a tu posible cliente se pueden obtener de muchas maneras. Gran parte de ellos los puedes obtener de los registros de tu empresa si has tenido tratos anteriores con él. Otros vendedores también añadirán datos, pero uno debe estar atento a esto y no permitirse tener prejuicios contra el cliente, o asustarse por informes adversos sobre su forma de ser que provengan de otros vendedores.

Los empleados de los hoteles —o mejor aún, los propietarios de los hoteles— suelen estar muy bien informados sobre los comerciantes de su ciudad, y a menudo se puede obtener información valiosa de este modo, aunque hay que valorar el juicio y la experiencia de los hoteleros antes de basar la propia opinión sobre el cliente. También se puede presionar diplomáticamente a otros clientes para obtener información sobre sus competidores, aunque siempre hay que tener en cuenta el sesgo personal en estos casos.

Sería una buena idea que el vendedor hiciese un registro de estos informes previos, para tenerlos archivados y poder consultarlos cuando los necesite. Algunos vendedores tienen un fichero dedicado a este fin y les resulta de extrema utilidad.

Otro punto muy importante sobre el enfoque previo es desarrollar tu propia actitud mental positiva. Primero hay que estar bien *con uno mismo*, antes de poder estar bien con cualquier otra cosa.

Pierce dice al respecto que «la mayor perdición para la venta de productos es el miedo. De hecho, lo único que temes es no hacer la venta, no conseguir el cheque. Pero, si renuncias a este punto y dices, "Ahora, no me importa si consigo esta venta o no. Lo que sí sé es esto: Soy honesto, mi mercancía es honesta, y si este cliente no la quiere, hay muchos que sí la querrán", verás que el miedo se derrite como el hielo con el sol. El miedo no puede vivir en presencia de tu sonrisa, tu confianza, tu conocimiento del negocio y tu industria».

A este respecto, vuelva a leer lo que le hemos dicho sobre el «yo» y el «respeto a ti mismo» en el capítulo titulado «La mente del vendedor». Este texto fue escrito para cubrir justamente casos como el que nos ocupa. **Si puedes potenciar el «yo» dentro de ti, tu miedo desaparecerá rápidamente**. Recuerda que «no hay nada que temer, salvo el miedo».

Muchos vendedores de éxito afirman que superaron su miedo y timidez iniciales curtiéndose con autosugestiones a propósito de lo que iban a decir o iba a suceder en la reunión con el cliente. En esa reunión el vendedor ofrecería hacer un gran favor al cliente y mediría todas las variables para que nada impidiese que ese favor se llevase a cabo.

Aunque esto pueda parecer ridículo para algunos, funciona muy bien en muchos casos. Y también se basa en la verdad objetiva, porque si los productos de calidad y los precios son justos, el vendedor está haciendo un gran favor al cliente.

En este punto, permíteme insistir en la necesidad de trabajar hasta el punto de *creer plenamente en su propia propuesta*. Debes ponerte en el estado de ánimo en el que, si estuvieras en el lugar del cliente, seguramente querrías aprovecharlo. Debes convencerte a ti mismo antes de esperar convencer al cliente.

Conozco a un publicista que me dijo que nunca se siente satisfecho con un anuncio que está escribiendo hasta que se convence a sí mismo de que quiere comprar el artículo que presenta. Tiene razón. Y el vendedor debería seguir esta regla.

El entusiasmo y la creencia son contagiosos. Si uno cree firmemente en una cosa, tiene muchas más posibilidades de hacer que los demás también crean en ella, que si piensa lo contrario. **Debes aprender a venderte a ti mismo primero**, para luego poder vender al cliente.

W.C. Holman dice en *Salesmanship*:

«Uno no puede hacer que otros crean lo que él mismo cree, salvo que él sea el primero que lo crea sinceramente. Dwight L. Moody influyó en enormes audiencias por el simple poder de su maravillosa seriedad. Nadie podía escuchar a Moody sin decir: "Este hombre cree absolutamente en cada palabra que dice. Si siente tanto lo que dice, debe haber algo real en ello".

Si todos los vendedores se dieran cuenta de que la actitud del «cliente potencial» depende en gran medida de su propia actitud mental, tendrían mucho más cuidado a la hora de adoptar el estado de ánimo adecuado cuando salieran a abordar a un posible cliente.

Es una cuestión sencilla: Todo lo que necesitas es enumerar en voz alta todos los puntos fuertes y convincentes de tu propuesta, considerar las grandísimas cualidades del producto que vendes, repasar en tu mente las espléndidas características de tu negocio, pensar en el gran número de clientes que han comprado ya el producto y en las razones sumamente satisfactorias por las que otros nuevos clientes deberían comprarlo también. En otras palabras, antes de que un vendedor comience a vender a otros, debe venderse a sí mismo. Debería realizar esta venta a sí mismo al principio de cada día de trabajo».

El estudiante debe familiarizarse a fondo con la fuerza creativa de la sugestión y la autosugestión en la construcción del carácter, y en la producción y el mantenimiento de la actitud mental adecuada. El volumen de esta serie titulado *Sugestión y Autosugestión* presenta la teoría, los principios y los métodos para aplicar la Autosugestión en las direcciones mencionadas. Uno ya no necesita ser esclavo de su Actitud mental. Por el contrario, puede crear y conservar la Actitud mental que considere oportuna y necesaria en cualquier momento.

El señor W.C. Holman, uno de los mejores escritores motivacionales sobre ventas, da el siguiente ejemplo interesante del uso de la autosugestión por un vendedor. Dice:

«El mejor vendedor que conocí creó lo que llamaba su «manifiesto». Solía repasarlo todas las mañanas antes de salir. A menudo lo repetía en voz alta si tenía la oportunidad. Las preguntas las repetía en tono tranquilo, pero las respuestas las pronunciaba con toda la seriedad de que era capaz. Su catecismo era más o menos así:

—¿Estoy trabajando para una gran empresa? SÍ.

»¿Tiene mi empresa la reputación y el prestigio de ser una de las mejores en su campo? SÍ.

»¿Hemos realizado cientos de miles de ventas como las que voy a hacer hoy? SÍ.

»¿Tenemos un enorme grupo de clientes satisfechos? SÍ.

»¿Estoy vendiendo los mejores productos de este tipo de los que se fabrican en todo el mundo? SÍ.

»¿Es justo el precio que pido por el producto? SÍ.

»¿Las personas a quienes voy a llamar necesitan el artículo que vendo? SÍ.

»¿Son conscientes de ello en este momento? ¡NO!

»¿Es esa la misma razón por la que voy a visitarlos: porque en este momento no quieren mi mercancía y aún no la han comprado? SÍ.

»¿Está justificado que pida el tiempo y la atención de un posible cliente para presentarle mi propuesta? ¡POR SUPUESTO QUE SÍ!

»¿Voy a entrar en la oficina de cada cliente potencial al que llame si hay alguna forma física de hacerlo? SÍ.

»¿Voy a vender a todos los clientes potenciales que visite hoy? ¡TE APUESTO A QUE SÍ!».

Refiriéndonos al anterior «manifiesto» del señor Holman, diríamos que, si alguien se esforzara hasta el punto de plantear y responder estas preguntas en serio y se impregnase de ese espíritu a lo largo del día, **se haría casi invencible**.

Una energía así es una bomba. Un vendedor así crearía oportunidades en lugar de mendigarlas. Un vendedor así siempre estaría inspirado. Esto es la autosugestión

elevada a la enésima potencia. Pruébalo,
lo necesitas en tu negocio.

La segunda fase del preacercamiento es la de obtener
una reunión con el posible cliente, generalmente conocido como «el cliente potencial». En muchos casos, el
vendedor puede conseguir la entrevista simplemente
yendo hacia el cliente potencial, estando este físicamente
en su tienda u oficina y sin que haya ningún intermediario
que medie en el acercamiento. En estos casos, se pasa
por alto la segunda fase del preacercamiento y se inicia
de inmediato el acercamiento propiamente dicho.

Pero en otros casos, especialmente en los grandes edifi-
cios de oficinas de las principales ciudades, el cliente
potencial se encuentra en su oficina privada, y el vendedor antes debe lidiar con un empleado, o incluso un
recepcionista, y hay que pasar por ciertos preliminares
antes de obtener una reunión. En muchos casos, los
grandes empresarios (o los que desean ser considerados
«grandes») se rodean de tanta formalidad y burocracia
que es toda una hazaña superar a «los guardianes del
templo», de modo que se requiere mucho tacto, diplomacia, presencia de ánimo y, a menudo, estrategia por
parte del vendedor para poder llegar al «gran jefe».

Macbain, en su obra titulada *Selling*, dice de esta etapa:
«Entre el preacercamiento y el acercamiento real transcu-
rre a veces un tiempo difícil para el vendedor. No es infre-
cuente que un posible cliente haga esperar al vendedor,
bien fuera de la puerta de la oficina y fuera de la vista, o
bien dentro y en presencia del posible comprador. Esto
se conoce como «quebrar los nervios del vendedor». A
menudo se hace con la idea de poner deliberadamente
nervioso al vendedor y que, en consecuencia, se marche

desesperado. Tal vez una de las formas más comunes de esto se ve cuando el posible cliente parece estar muy ocupado en algo en su escritorio y permite que el vendedor se quede parado un tiempo indefinido, para luego dirigirse repentinamente hacia él. Esto es especialmente desconcertante para el que va a vender. Sin embargo, el vendedor experimentado lo reconoce como una indicación de que, o bien el señor está muy ocupado de verdad y realmente odia apartar su mente de su trabajo, o bien teme que lo convenzan de algo de lo que luego se arrepentirá. En consecuencia, el vendedor puede dar forma a su presentación en lugar de sentirse desconcertado por este intento, ya que le permite estudiar cuidadosamente las características externas de la persona a la que se va a acercar».

En muchos casos, el vendedor se ve obligado a esperar por un cliente potencial que también conoce algo de las leyes de la psicología (ya que este conocimiento no se limita al vendedor). En el juego de las damas, el jugador que consigue lo que técnicamente se conoce como «la jugada», que, sin embargo, es una cosa muy diferente de la «primera jugada», tiene una ventaja muy importante. En la psicología de las ventas, o de la entrevista entre dos personas de igual fuerza, hay algo que se corresponde muy estrechamente con «la jugada» en las damas. Este algo da una ventaja decisiva a la persona que lo consigue y vale la pena esforzarse por conseguirlo. Este algo es sutil y casi indescriptible, aunque evidente para todo aquel que tiene trato con sus semejantes. Parece ser una cuestión de equilibrio y aplomo mental.

El vendedor, si está tranquilo y con sus fuerzas en equilibrio, tendrá una actitud activa y positiva, y estará en ventaja, pues el comprador estará en actitud de escucha y, por lo tanto, en modo pasivo.

Hasta aquí el vendedor tiene una ventaja que sin embargo puede perder después si el de potencial juega con cabeza.

Volviendo a la fase de «espera», el cliente potencial, al perturbar el aplomo del vendedor y «quebrarle los nervios» manteniéndolo con ansiedad y en estado de suspense, a menudo consigue «la jugada», a menos que comprenda la psicología del proceso y la evite en consecuencia. Esa intriga por no saber qué va a pasar es el estado mental que más nervios hace perder, dentro de toda la lista psicológica, como bien saben todos los que lo han experimentado. ¡Cuida de no perder «la jugada!».

Un factor importante para superar la empalizada del oficio exterior es la conciencia del Respeto a Sí Mismo y la realización del «yo» del que hemos hablado. Esta actitud mental se impone a los que vigilan los trabajos exteriores y sirve para despejar el camino.

Como dice Pierce:

«Recuerda que no estás pidiendo ningún favor; que no tienes nada que disculpar, y que tienes todas las razones del mundo para mantener la cabeza alta. Y es increíble lo que esta cabeza alta puede hacer para aumentar tus ventas. He visto a vendedores conseguir cosas imposibles con este simple hecho». La actitud mental positiva va en consonancia con esta expresión física, no lo olvides.

La actitud mental positiva y la expresión física de la misma influyen instintivamente en la conducta de otras personas hacia uno.

Podemos ver este mismo hecho en la actitud de un chico hacia los perros. Dejemos que un pobre perro trote con las orejas caídas, una expresión tímida, los ojos mansos y el rabo entre las piernas, y el niño estará dispuesto a darle una patada o a lanzarle una piedra en su retirada. Observa la diferencia cuando el perro que se respeta a sí mismo, que tiene espíritu, pasa trotando, mirando al chico sin miedo a los ojos y mostrando su sentido de autoestima y su poder para respaldarlo en cada movimiento. A ese perro se lo trata como corresponde.

Hay ciertas personas cuyos modales son tales que no necesitan pedir respeto y consideración: se les da como una cuestión de derecho y privilegio. La gente se hace a un lado para dejarles espacio. Y no es necesariamente que la persona a la que se muestra este respeto sea un individuo digno o una persona de buenas cualidades; puede ser una persona honesta o un estafador. Pero sea lo que sea, o lo que pueda ser, tiene ciertos gestos y atributos externos que le permiten tener una «buena fachada» y eso los coloca por delante de los demás. En el fondo se encuentran ciertos estados mentales que producen las genuinas características y maneras externas en los casos auténticos de personas que poseen autoridad y alta posición. La persona fiable simplemente presenta una máscara, como haría un buen actor.

A menudo es necesario que el vendedor envíe sus referencias por correo con su tarjeta. Es bueno que tenga tarjetas que causen una buena impresión. Si el nombre de su negocio aparece en la tarjeta, el cliente potencial a menudo podrá repasar mentalmente si le conviene quedar con ese vendedor o no, con lo que podría declinar conceder una reunión. El nombre del vendedor en una tarjeta de visita, donde no pone ningún negocio concreto, a menudo despierta el interés o la curiosidad y así, en lugar de obstaculizar, realmente ayuda a asegurar la entrevista.

Las autoridades difieren en cuanto a la discusión del negocio con alguien que no sea el propio interesado. De hecho, parece que depende en gran medida de las circunstancias particulares de cada caso, de la naturaleza de los artículos que se van a vender y del carácter y la posición del subordinado en cuestión.

Una serie de autoridades sostienen que es una pésima política contar su negocio a un subordinado, y que es mucho mejor decirle cortésmente, pero con firmeza, que su negocio es de tal naturaleza que solo puede discutirlo con el cliente potencial en persona. De lo contrario, se considera que el subordinado le dirá que el asunto en cuestión ya ha sido considerado por su superior, que está plenamente informado sobre la propuesta, y que ha ordenado que no se le moleste más al respecto.

El otro grupo de autoridades sostiene que en muchos casos se puede presionar al subordinado para que preste sus servicios, tratándolo con gran respeto y una aparente creencia en su juicio y autoridad, ganando su buena voluntad y haciendo que se interese en su propuesta, y procurando que «hable de ello» a su superior durante el día. Se afirma que una llamada posterior, al día siguiente, a menudo tendrá éxito, ya que el subordinado habrá allanado el camino para una entrevista y habrá hecho realmente algún trabajo para el vendedor en la forma de influencia y charla de venta. Se afirma que algunos vendedores han hecho «amigos en el campamento» permanentes de estos subordinados a los que se ha abordado de esta manera.

Sin embargo, como hemos dicho, parece depender en gran medida de las circunstancias particulares del caso. En algunos casos, el subordinado es un mero «retén» o «rompeolas», mientras que en otros es un empleado de confianza cuya opinión tiene peso en la perspectiva, y cuya buena voluntad y ayuda valen la pena asegurar. En cualquier caso, sin embargo, es bueno ganarse el respeto y la buena voluntad de los que están en el «patio exterior», ya que a menudo pueden hacer mucho para ayudar o perjudicar sus posibilidades. Hemos conocido casos en los que los subordinados «echaron» a un vendedor que los había ofendido; y hemos conocido otros casos en los que el subordinado, al estar contento con el vendedor, le brindó la oportunidad de explicarse. Siempre es mejor hacer un amigo que un enemigo —desde el oficinista hasta la cúspide— por principio. Muchos grandes guerreros han tropezado con un pequeño guijarro. Hombres fuertes han muerto por la picadura de un mosquito.

El siguiente consejo de J.F. Gillen, el director de Chicago de la Burroughs Adding Machine Company, es muy acertado. El señor Gillen, en la revista *Salesmanship*, dice:

«Un vendedor que no ha demostrado su temple —y que, desgraciadamente, no está seguro de sí mismo— es probable que se vea superado por la sensación de su propia insignificancia al entrar en el espacio de un gran empresario, de alguien rico o influyente del cual espera obtener una compra. El propio zumbido y el ajetreo de los negocios en la oficina de este jefe son muy impresionantes. El hecho de que exista una regla férrea, diseñada para proteger al jefe contra la intrusión, que prohíbe la admisión de un vendedor no invitado —y el hecho de que el ejército de empleados esté obligado por esta regla a oponerse a la entrada de cualquier visitante— se combinan para hacer que un vendedor no experimentado esté moralmente seguro de su impotencia; para hacerle sentir que no tiene ninguna razón justificable para presentarse. De hecho, no tiene ninguna, si el temor que siente por los trámites burocráticos, las normas y los dignatarios le ha hecho perder de vista los atractivos de su propia propuesta. Se ha tragado su confianza en lo que tiene que ofrecer y en su capacidad para entusiasmar al cliente potencial con respecto a ello. Si crees que tu propuesta resultará interesante para el cliente potencial y que se beneficiará al hacer negocios contigo, **tienes derecho a sentir que la regla que prohíbe la entrada a los vendedores no tiene nada que ver contigo. Convéncete de ello y la contundente negativa del subordinado no te avergonzará.** Te encontrarás dotado de valor e ingenio para enfrentarte a una secretaria escurridiza que te da respuestas evasivas cuando intentas averiguar si el señor Cliente Potencial está ahora en su oficina, si no puede verte de inmediato y qué razón existe para suponer que no querría realizar una gran operación contigo.

Una vez que estés moralmente seguro de tu terreno, la parte más difícil de la batalla está ganada. Puedes ver al cliente potencial y conseguir hablar con él, sin importar los obstáculos que intervengan, si mantienes a raya tus nervios y usas tu cerebro».

Recuerda esto, siempre:

La psicología del vendedor se aplica no solo al trabajo con el cliente potencial, sino también al trabajo con los que te cortan el paso. Los subordinados tienen mentes, facultades, sentimientos y puntos fuertes y débiles de la mentalidad; tienen su psicología, al igual que su jefe tiene la suya. Te convendrá estudiar detenidamente su psicología: tiene sus reglas, sus leyes y sus principios. Este es un punto que los pequeños vendedores suelen pasar por alto, pero que los «grandes» reconocen plenamente. El atajo hacia la mente de muchos clientes potenciales pasa directamente por la mente de los subordinados que tiene en el exterior.

CAPÍTULO VII
LA PSICOLOGÍA DE LA COMPRA

Hay varias etapas o fases manifestadas por el comprador en el proceso mental que desemboca en una compra. Si bien es difícil establecer una regla rígida y rápida al respecto, debido a la variedad de temperamentos, tendencias y hábitos mentales que poseen en diversos grados los diferentes individuos, existen ciertos principios de sentimiento y pensamiento que se manifiestan por igual en todos y cada uno de los compradores individuales, y una cierta secuencia lógica es seguida por todo el mundo en todas y cada una de las compras originales. De ello se desprende, por supuesto, que estos principios y esta secuencia serán operativos en todas y cada una de las compras originales, ya sea porque la compra sea el resultado de un anuncio, de la exhibición de productos, de una recomendación o de los esfuerzos de un vendedor. El principio y la secuencia de los estados mentales son los mismos en todos los casos. Consideremos ahora estos diversos estados mentales en su secuencia habitual.

Los diversos estados mentales que manifiesta todo comprador en una compra original se dan a continuación en el orden de secuencia en que suelen manifestarse:

1. Atención involuntaria.
2. Primera impresión.

3. La curiosidad.

4. Interés asociado.

5. Consideración.

6. La imaginación.

7. Inclinación.

8. Deliberación.

9. Decisión.

10. Acción.

Utilizamos el término «compra *original*» en este contexto para distinguir la compra original de un pedido repetido o una compra posterior del mismo artículo, en cuyo caso el proceso mental es mucho más simple, pues consiste simplemente en reconocer la inclinación o el hábito y ordenar la mercancía sin repetir la compleja operación mental original. Pasemos ahora a estudiar las diversas etapas mentales de la compra original en secuencia lógica.

1. ATENCIÓN INVOLUNTARIA.

Este estado mental es la fase elemental de la atención. La atención no es una facultad de la mente, sino la concentración de la conciencia en un objeto con exclusión temporal de todos los demás. Es un giro de la mente hacia un objeto. El objeto en el que nos concentramos puede ser externo, como una persona o una cosa, o interno, como un sentimiento, un pensamiento, un recuerdo o una idea. La atención puede ser voluntaria, es decir, dirigida conscientemente por la voluntad; o involuntaria, es decir, dirigida inconsciente, instintiva y aparentemente con independencia de la voluntad. La atención voluntaria es un poder adquirido y desarrollado, y es el atributo del pensador, del estudiante y del individuo intelectual en todos los ámbitos de la vida.

La atención involuntaria, por el contrario, no es más que un acto reflejo o una respuesta nerviosa a algún estímulo.

Como dice Halleck:

«Muchas personas apenas superan la fase refleja. Cualquier estímulo fortuito les aparta la atención de sus estudios o de sus negocios».

Sir William Hamilton hizo una distinción aún más afinada, que, sin embargo, es generalmente pasada por alto por los entendidos sobre el tema, pero que es científicamente correcta y que seguiremos en este libro. Sostiene que hay tres grados o clases de atención:

(1) la refleja o involuntaria, que es de naturaleza instintiva; (2) la determinada por el deseo o el sentimiento, que participa tanto de la naturaleza involuntaria como de la voluntaria, y que, aunque es parcialmente instintiva, puede ser resistida por la voluntad bajo el influjo del juicio; y (3) la determinada por la volición deliberada en respuesta a la razón, como en el estudio, los juegos científicos, la deliberación racional, etc.

El primer paso mental de la compra consiste, sin duda, en una atención involuntaria o refleja, como la que despierta un sonido, la vista u otra sensación repentina. El grado de esta atención involuntaria depende de la intensidad, la brusquedad, la novedad o el movimiento del objeto al que responde. Todas las personas responden a los estímulos que despiertan esta forma de atención, pero en diferentes grados según la preocupación o concentración del individuo en ese momento. El aspecto llamativo o novedoso de un anuncio, el escaparate con productos expuestos, la aparición del vendedor…, todo ello despierta instintivamente la atención involuntaria y el comprador «se fija en ello». Pero esta atención pertenece a la primera clase de Hamilton, la de la respuesta instintiva a la imagen o al sonido, y no la que se produce por el deseo o el pensamiento deliberado. Es la forma más elemental de atención o esfuerzo mental, y para el vendedor significa simplemente: «¡Bueno, te veo!». A veces el cliente potencial está tan preocupado o concentrado en otras cosas que apenas «ve» al vendedor hasta que se produce un estímulo añadido mediante un comentario directo.

2. Primera impresión.

Este estado mental es la generalización apresurada que resulta de la primera impresión del objeto de atención —el anuncio, la sugerencia, la exhibición de productos o el vendedor—, dependiendo en este último caso de la apariencia general, la acción, la manera, etc., tal como se interpreta a la luz de la experiencia o la asociación. En otras palabras, el cliente potencial se forma una idea general apresurada de la cosa o la persona, ya sea favorable o desfavorable, casi instintiva e inconscientemente. La cosa o la persona se asocia o se clasifica con otras que se le parecen en la experiencia y la memoria del cliente potencial, y el resultado es una impresión buena, mala o indiferente resultante de la sugestión de la asociación. Por esta razón, el publicista y el escaparatista se esfuerzan por despertar recuerdos y sugestiones asociadas, favorables y agradables, y pone la belleza por delante. El vendedor se esfuerza por hacer lo mismo, y trata de poner todo lo bueno en su Enfoque, con el fin de asegurar esta valiosa primera impresión favorable. La gente está más influenciada de lo que admite por estas «primeras impresiones», o sugerencias, de apariencia, maneras, etc., y la persona que entiende de psicología les atribuye una gran importancia.

Una primera impresión favorable allana el camino para el despertar exitoso de los estados mentales posteriores. Una primera impresión desfavorable, si bien puede ser eliminada y remediada más tarde, es sin embargo una desventaja que el vendedor debe evitar.

(*Nota*: El proceso mental de la compra pasa ahora de la etapa de la *atención involuntaria*, a la de la atención inspirada por el deseo y el sentimiento que participa de *los elementos voluntarios e involuntarios*. Las dos primeras etapas de esta forma de atención se conocen como Curiosidad e Interés Asociado, respectivamente. En algunos casos la curiosidad precede, en otros el interés asociado toma la delantera, como veremos. En otros casos la manifestación de ambos es casi simultánea).

3. LA CURIOSIDAD.

Este estado mental es realmente una forma de interés, pero es más elemental que el Interés Asociado, siendo simplemente el interés de la novedad. Es el elemento de interés más fuerte en las razas primitivas, en los niños y en muchos adultos con hábitos de pensamiento elementales. La curiosidad es la forma de interés que es casi instintiva, y que impulsa a dirigir la atención hacia las cosas extrañas y novedosas. Todos los animales la poseen en un elevado grado. Los monos lo poseen en un grado desmesurado, y los individuos menos desarrollados de la raza humana también lo manifiestan en un alto grado. Está relacionado de alguna manera con las condiciones primitivas de los seres vivos, y es probablemente una herencia de condiciones de vida anteriores y menos seguras, en las cuales la curiosidad por las vistas y sonidos nuevos, novedosos y extraños era una virtud y el único medio de adquirir experiencia y educación. En todo caso, existe ciertamente en la naturaleza humana una decidida tendencia instintiva a explorar lo desconocido y lo extraño: la atracción de lo misterioso; el atractivo de las cosas secretas; la tentadora llamada del rompecabezas; la fascinación del enigma.

El vendedor que puede introducir algo en su charla inicial que despierte la curiosidad del cliente potencial, ya ha dado el primer paso para despertar su atención e interés. El faquir de la esquina de la calle, como el «pregonero» del espectáculo del parque de atracciones, entienden este principio de la naturaleza humana, de modo que apelan en gran medida a él. Vendarán los ojos de un niño o una niña, o harán movimientos o sonidos extraños, para despertar la curiosidad de la multitud y hacer que se reúnan a su alrededor, todo esto antes de que se haga el llamamiento real a lo que nos interesa.

En algunos compradores, la curiosidad precede al interés asociado: el interés por lo desconocido y novedoso precede al interés práctico. En otros, el Interés Asociado —el interés práctico inspirado por la experiencia y la asociación— precede a la Curiosidad, manifestándose esta última simplemente como curiosidad por los detalles del objeto que ha despertado el Interés Asociado.

En otros casos, la Curiosidad y el Interés Asociado están tan mezclados y matizados entre sí que actúan casi como uno solo y simultáneamente. En general, sin embargo, la curiosidad es más elemental y cruda que el interés asociado, y puede distinguirse fácilmente en la mayoría de los casos.

4. INTERÉS ASOCIADO.

Este estado mental es una forma más elevada de interés que la curiosidad. Se trata de un interés práctico por las cosas relacionadas con los intereses en la vida, el bienestar o el malestar, los amores o los odios, en lugar de ser el mero interés por la novedad que despierta la curiosidad. **Es un rasgo adquirido, mientras que la curiosidad es prácticamente un rasgo instintivo**.

El Interés Adquirido se desarrolla con el carácter, la ocupación y la educación, mientras que la Curiosidad se manifiesta fuertemente en los inicios del carácter y antes de la educación. El Interés Adquirido se manifiesta con más fuerza en los hombres de negocios, en la educación y en la experiencia, mientras que la Curiosidad tiene más fuerza en el mono, el salvaje, el niño pequeño y el adulto inculto. Reconociendo la relación entre ambos, puede decirse que la Curiosidad es la raíz, y el Interés Asociado la flor.

El Interés Asociado depende en gran medida del principio de la Asociación o de la Apercepción, definida esta última como «el proceso mental por el cual las percepciones o ideas se ponen en relación con nuestras ideas y sentimientos anteriores, y se les da así una nueva claridad, significado y aplicación».

La apercepción es el proceso mental por el cual los objetos e ideas que se nos presentan son percibidos y pensados por nosotros a la luz de nuestra experiencia pasada, temperamento, gustos, agrado y desagrado, ocupación, interés, prejuicios, etc., en lugar de como realmente son. **Lo vemos todo a través de los cristales coloreados de nuestra propia personalidad y carácter.**

Halleck dice de la apercepción:

«Una mujer puede percibir un pájaro que pasa como un adorno para su sombrero; un fruticultor, como un cazador de insectos; un poeta, como un cantor; un artista, como un buen trozo de colorido y forma. El ama de casa puede percibir los trapos viejos como algo que hay que tirar a la basura; un trapero, como algo que hay que recoger. Un carpintero, un botánico, un ornitólogo, un cazador y un geólogo caminando por un bosque no verían las mismas cosas».

Un conocido cuento incluido en libros de texto ilustra este principio. Cuenta que un niño se subió a un árbol en un bosque y observó a los transeúntes, y escuchó su conversación. El primer hombre dijo: «Qué buen palo de madera sería ese árbol». El niño respondió: «Buenos días, señor Carpintero». El segundo hombre dijo: «Esa es una buena corteza». El chico respondió: «Buenos días, señor Curtidor». El tercer hombre dijo: «Apuesto a que hay ardillas en ese árbol». El niño respondió: «Buenos días, señor Cazador». Todos y cada uno de los hombres vieron el árbol a la luz de su apercepción personal o Interés asociado.

Los psicólogos designan con el término «masa aperceptiva» las experiencias previas acumuladas, los prejuicios, el temperamento, la inclinación y los deseos que sirven para modificar la nueva percepción o idea. La «masa aperceptiva» es en realidad el «carácter» o «naturaleza humana» del individuo. Difiere necesariamente en cada individuo debido a la gran variedad de experiencias, temperamento, educación, etcétera entre los individuos. De la «masa aperceptiva» de una persona o de su carácter dependen la naturaleza y el grado de su interés, así como los objetos que sirven para inspirarla y estimularla.

De ello se desprende que para despertar, inducir y mantener este Interés Asociado del cliente potencial, el vendedor debe presentar cosas, ideas o sugerencias que apelen directamente a la imaginación y a los sentimientos de la persona que tiene delante, y que estén asociadas a sus deseos, pensamientos y hábitos.

Si se nos permite la definición circular, diremos que el Interés Asociado solo se despierta con cosas interesantes; y que las cosas interesantes son las que se refieren a sus intereses. Los intereses de un individuo siempre le interesan, y sus intereses suelen ser aquellas cosas que conciernen a su ventaja, su éxito y su bienestar personal; en resumen, su bolsillo, su posición social, sus aficiones, sus gustos y la satisfacción de sus deseos. Por lo tanto, el vendedor que puede arrojar la luz mental sobre estas cosas interesantes puede asegurar y mantener su interés asociado. De ahí la psicología de la afirmación repetida: «Puedo ahorrarle dinero»; «Puedo aumentar sus ventas», «Puedo reducir sus gastos», «Tengo algo muy selecto» o «Puedo darle una ventaja especial», etc.

> También se puede admitir que el interés comercial es de carácter egoísta y no altruista. Para que el sujeto se interese por una propuesta comercial, hay que mostrarle cómo lo beneficiará de alguna manera. No está dirigiendo una institución filantrópica, ni un Fondo de Ayuda al Vendedor, ni está en el negocio por su salud. Está ahí para ganar dinero, así que para despertar su interés hay que mostrarle algo que lo beneficie.

Y la primera apelación del interés asociado es a su sentimiento de interés propio. Debe ser del tipo de la mención de «¡ratas!» a un terrier, o «¡caramelos!» a un niño. Debe despertar asociaciones agradables en su mente e imágenes placenteras en su memoria. Si se produce este efecto, puede pasar rápidamente a las fases sucesivas de la imaginación y la inclinación.

Como dice Halleck:

«Todo sentimiento tiende a excitar el deseo. Una imagen representativa de la cosa deseada es el antecedente necesario del deseo. Si el niño nunca hubiera visto u oído hablar de *los melocotones*, no tendría ningún deseo por ellos». Y, siguiendo esta misma idea, podemos decir que, si el niño tiene gusto por esta fruta, se *interesará* por la idea de los melocotones. Y así, cuando le digas «¡duraznos!», tendrás su interés asociado, lo que dará lugar a una imagen mental de la fruta seguida de un *deseo* de poseerla, y escuchará tu charla sobre el tema de los «duraznos».

A continuación, se exponen las normas psicológicas generales relativas a los Intereses Asociados:

I. Asociado. El interés solo se vincula a las cosas interesantes, es decir, a las cosas asociadas a los deseos e ideas generales de la persona.

II. El interés asociado perderá fuerza y efecto a menos que se presenten algunos atributos o rasgos nuevos: requiere variedad en la presentación de su objeto.

Macbain dice:

«Un experto vendedor, con más de 30 años de experiencia, utilizaba como lema: "Estoy aquí para hacer el bien". Tampoco generalizaba su afirmación al decir a sus clientes cómo podía hacerlo. Se dirigía directamente a los asuntos vitales que afectaban a sus clientes. Demostró que estaba en lo cierto, y esta demostración personal fue lo que generó ventas».

Recuerda siempre que la fase de Interés asociado en una compra no es la misma que la fase de Demostración y Prueba. Es el proceso de «calentamiento», que precede a la conversación de ventas propiamente dicha. Es la fase de «descongelación» del cliente potencial y de fusión de la capa helada de prejuicios, cautela y reticencia que lo envuelve. Calienta a tu cliente potencial con *declaraciones generales* de interés asociado, y vende afirmaciones positivas, breves y de gran confianza sobre todo lo bueno que tienes para él. Y, finalmente, recuerda que el único propósito de tus esfuerzos en este estado es despertar en el cliente el estado mental de ATENCIÓN EXPECTANTE INTERESADA. Sigue soplando esta chispa hasta que avives la llama de la Imaginación y el calor del Deseo.

5. CONSIDERACIÓN.

Este estado mental se define como «un examen, indagación o investigación sobre cualquier cosa». Es la etapa que sigue a la Curiosidad y al Interés asociado, y tiende a la indagación de la cosa que ha excitado estos sentimientos. La consideración, por supuesto, debe estar precedida y acompañada por el interés. Requiere la fase de Atención excitada por el sentimiento, pero con ella se manifiesta también un grado de atención voluntaria. Es la fase de «creo que voy a echar un vistazo a este asunto» del proceso mental de compra. Suele ponerse de manifiesto por la disposición a hacer preguntas sobre la propuesta y a «ver qué hay en ella, de todos modos».

En el ámbito de las ventas, esta etapa de consideración marca el paso de la etapa de aproximación por parte del vendedor hacia la de demostración. Marca el paso del Interés pasivo hacia el Interés activo, de la etapa de estar «meramente interesado» a la de «investigación interesada». Aquí es donde comienza la verdadera tarea de venta del vendedor. Es en este punto donde comienza a describir su propuesta en detalle, haciendo hincapié en sus puntos destacados.

En el caso de un anuncio o de un escaparate, la operación mental tiene lugar en la mente del comprador de la misma manera, pero sin la ayuda del vendedor.

El «discurso de venta» del anuncio debe ser enunciado o sugerido por su texto. Si la Consideración es favorable y revela cualidades atractivas suficientemente fuertes en la proposición o el artículo, la mente del comprador pasa a la siguiente etapa del proceso que se conoce como:

6. IMAGINACIÓN.

Este estado mental se define como «El ejercicio de aquel poder o facultad de la mente por el cual concibe y forma imágenes ideales de las cosas que le comunican los sentidos». En el proceso mental de una compra, la facultad de imaginar toma la idea del objeto por el cual se ha despertado el interés asociado, y que es objeto de consideración, y se esfuerza por visualizar el objeto siendo usado de diferentes maneras, estando ya en posesión del comprador. Uno debe usar su imaginación para darse cuenta de lo buena que será una cosa para él, cómo puede usarla, qué aspecto tendrá, cómo se venderá, de qué manera servirá para su propósito, cómo «funcionará» y lo bien que lo hará cuando se compre.

Una mujer que contempla un vestido utilizará su imaginación para visualizarse con él. El hombre que mira un libro utilizará su imaginación para visualizar sus usos y lo que aprenderá o disfrutará con él. El emprendedor utilizará su imaginación para visualizar lo bien que se venden sus productos, su maravillosa exposición, su adaptabilidad a su comercio, etc. Otro se imaginará a sí mismo disfrutando de las ganancias de su compra.

La imaginación desempeña un papel importante en la psicología ventas. Es el incitador directo del deseo y la inclinación. El vendedor de éxito se da cuenta de ello y la alimenta mediante la sugestión. De hecho, la sugestión recibe su poder a través de la imaginación, ya que esta es el canal a través del cual la sugestión llega a la mente. Los vendedores y los publicistas se esfuerzan por despertar la fantasía de sus clientes potenciales mediante un inteligente conjunto de palabras. La imaginación es el «cable directo» al deseo. Desde esta hay un paso corto hasta la siguiente etapa mental que se denomina:

7. Inclinación.

Este estado mental se define como «una persuasión de la mente o de la voluntad, el deseo y la tendencia». Es el sentimiento de «querer». Es el estado mental del cual el Deseo es una etapa avanzada. La inclinación tiene muchos grados. A partir de una leve inclinación o de una inclinación en una determinada dirección, asciende en la escala hasta convertirse en una exigencia imperiosa, que no admite ningún obstáculo o impedimento. Se emplean muchos términos para designar las diversas etapas de la inclinación, como, por ejemplo: Deseo, querer, necesidad, predilección, propensión, gusto, amor, afición, agrado, anhelo, ansia, aspiración, ambición, apetito, hambre, pasión, ansia, lujuria, etc.

El deseo es una cualidad mental extraña y muy difícil de definir. Está relacionado con el sentimiento, por un lado, y con la voluntad, por el otro. El sentimiento se eleva al deseo, y el deseo se eleva a la fase de la voluntad y se esfuerza por expresarse en la acción.

Halleck dice sobre el deseo:

«Tiene por objeto algo que produzca placer o libere del dolor, inmediato o remoto, al individuo o a alguien en quien esté interesado. La aversión o el esfuerzo por alejarse de algo no son más que el aspecto negativo del deseo». La inclinación, en sus diversas etapas, se despierta mediante la apelación a los sentimientos a través de la imaginación. Los sentimientos relacionados con las diversas facultades son movidos a la acción por una apelación directa a ellos a través de la imaginación y la inclinación o los resultados deseados. La apelación a la Adquisitividad dará lugar a un sentimiento que se elevará a la inclinación y al deseo de ganancia. La apelación a la Aprobatividad actuará igualmente en su propio terreno. Y así sucesivamente a través de la lista, cada facultad bien desarrollada es excitada hacia el sentimiento por la adecuada apelación a través de la imaginación, y así da lugar a la Inclinación que a su vez se esfuerza por expresarse en acción a través de la voluntad.

En resumen, toda persona es un conjunto de deseos generales, cuya naturaleza y alcance están indicados por sus diversas facultades, que son fruto de la herencia, del ambiente, de la formación, la experiencia, etc. Estos deseos pueden ser empujados hacia un objetivo definido por las emociones generadas a través de la imaginación y la sugestión.

El deseo debe ser creado o despertado antes de que se pueda actuar, o de que la voluntad se manifieste mediante la acción. Porque, al final, hacemos las cosas solo porque «queremos», directa o indirectamente. Por lo tanto:

El objetivo fundamental del vendedor es hacer que su cliente potencial «quiera». Y para hacer que «quiera» debe hacerle ver que su propuesta está calculada para «proporcionarle placer, o librar del dolor, inmediato o remoto, para el individuo o para alguien más en quien está interesado».

En los negocios, las palabras «beneficio y pérdida» pueden sustituirse por «placer y dolor», aunque en realidad no son más que formas de este último. Pero incluso cuando la perspectiva se lleva a la etapa de fuerte inclinación o deseo, no siempre se mueve para gratificar el mismo. ¿A qué se debe esto? ¿Qué otro proceso mental interfiere? Veamos al pasar a la siguiente etapa de la compra, conocida como:

8. Deliberación.

Este estado mental se define como «el acto de deliberar y sopesar hechos y argumentos en la mente, con calma y cuidado». Aquí se manifiesta la acción del pensamiento y la razón, el proceso mental de sopesar y equilibrar los hechos, los sentimientos y las inclinaciones. Pues no son solo los *hechos* y las *pruebas* los que se sopesan en la balanza mental, sino también los sentimientos, los deseos y los temores.

El razonamiento lógico puro se inclina hacia procesos lógicos estrictos basados en hechos irrefragables, es cierto, pero hay muy poco razonamiento lógico puro. La mayoría de las personas se rigen más por sus sentimientos e inclinaciones —sus amores y sus miedos— que por la lógica.

Se ha dicho: «La gente no busca *razones*, sino *excusas para seguir sus sentimientos*». La verdadera deliberación, en la mayoría de los casos, consiste en sopesar las probables ventajas y desventajas, los diversos gustos y disgustos, las esperanzas y los temores.

Se dice que nuestras mentes están controladas por *motivos,* y el motivo más fuerte gana. A menudo nos encontramos con que cuando pensamos que deseamos ardientemente una cosa, luego descubrimos que también nos gusta mucho otra cosa, o quizá tememos otra cosa más de lo que deseamos la primera. En tal caso, **el sentimiento más fuerte o apremiante gana la partida**. Las facultades ejercen aquí sus diferentes influencias. La cautela se opone a la adquisición. La adquisición se opone a la conciencia. El miedo se opone a la firmeza. Y así sucesivamente. La deliberación no es solo la ponderación de los hechos, sino también la ponderación de los sentimientos.

El proceso de deliberación —la ponderación de los deseos—, el juego y el contrajuego de los motivos, queda bien ilustrado por una escena de una comedia clásica francesa. *Jeppe*, en la que uno de los personajes ha recibido dinero de su mujer para que le compre jabón. Él prefiere comprar una bebida con la moneda, ya que sus inclinaciones tienden en esa dirección. Pero sabe que su mujer le pegará si despilfarra el dinero. Delibera sobre el placer que le proporcionaría la bebida y el dolor que le produciría la paliza. «Mi estómago dice bebida, mi espalda dice jabón», dice Jeppe. Sigue deliberando. Luego: «¡Mi estómago dice que sí! Mi espalda dice que no», grita el pobre hombre. El conflicto entre la espalda y el estómago se hace aún más feroz. Entonces llega el punto decisivo: «¿No es mi estómago más importante que mi espalda? Claro que sí. Yo digo que *sí*», grita Jeppe. Y se marcha a la taberna. Se ha comentado que, si se hubiera añadido a la situación la sugerencia activa de ver a su esposa armada con un garrote, Jeppe habría comprado el jabón. O si la taberna no hubiera estado tan cerca, el resultado podría haber sido diferente. A veces una elucubración mental inclina la balanza. Esta secuencia contiene toda la filosofía de la acción de la mente en el proceso de deliberación. El vendedor hará bien en recordarlo.

Halleck expone muy bien los factores inmediatos y remotos de la elección: «Los factores inmediatos son: (1) un proceso precedente de deseo; (2) la presencia en la conciencia de más de un objeto o fin representados para ofrecer un curso de acción alternativo; (3) la deliberación sobre los méritos respectivos de estos objetos; (4) el fallo voluntario en la decisión, que parece encarnar la mayor parte de la esencia misma de la voluntad. Los factores remotos son extremadamente difíciles de seleccionar. La suma total se nota más en la elección que en cualquier otra parte. Antes de que una segunda persona pudiera aproximarse al resultado, tendría que conocer ciertos factores remotos, siendo los principales: (1) la herencia; (2) el entorno; (3) la educación; (4) las peculiaridades individuales». Esta eminente autoridad bien podría haber añadido un elemento adicional, uno fundamental, como el siguiente: (5) LA SUGESTIÓN.

El vendedor, observando atentamente la cambiante balanza en cuanto a la deliberación, inyecta un argumento o una sugerencia reveladora que fuerza hacia su lado en la fase crítica. Lo hace de muchas maneras. Puede neutralizar una objeción con un hecho contrario. Añade otra prueba o hecho aquí, un poco más de deseo y sentimiento allí, hasta que hace descender el platillo de la balanza hasta una decisión. Hay que recordar que esta deliberación *no* se *refiere a* la conveniencia de la proposición: el candidato ha admitido su deseo, directa o indirectamente, y ahora está tratando de justificar su deseo por la razón y la conveniencia. **Está buscando razones o «excusas» para respaldar su deseo**, o tal vez, está tratando de encontrar un equilibrio entre sus deseos y sus conflictos internos. Su debate mental no gira en torno a la cuestión del deseo de los productos, sino a la conveniencia y al resultado probable de comprarlos. Es la etapa de «comprar o no comprar». Esta es una parte delicada del proceso de compra, y muchos clientes potenciales actúan como «balancines» durante el proceso.

El vendedor inteligente debe estar preparado con el argumento adecuado en el lugar adecuado. Para él, esta es la etapa argumentativa.

Finalmente, si los esfuerzos del Vendedor tienen éxito, la balanza baja, y el proceso pasa a la siguiente etapa, conocida como

9. Decisión.

Esta etapa mental se define como «el acto mental de decidir, determinar o resolver cualquier punto, cuestión, diferencia o contienda». Es el acto de la *voluntad*, que resuelve la disputa entre las facultades, los sentimientos, las ideas, los deseos y los temores en pugna. Es la voluntad actuando sobre la razón.

Sin entrar en una discusión metafísica, recordemos que la psicología práctica actual sostiene que «el motivo más fuerte *del momento* gana la elección». Este motivo más contundente puede ser de la razón o del sentimiento, consciente o inconsciente, pero debe serlo *más fuerte en* ese momento o no ganaría. Y este motivo es más fuerte simplemente debido a nuestro carácter o «naturaleza» tal y como se manifiesta en ese momento particular, en ese entorno particular, bajo las circunstancias particulares, y sujeto a las sugerencias particulares. La elección depende más de la asociación de lo que generalmente podamos admitir, y la asociación se despierta mediante la sugestión.

Como dice Halleck:

«No es materia para el psicólogo afirmar qué poder *debe* tener la asociación de ideas. Le corresponde determinar qué poder *tiene*».

Y como dice Ziehen:

«No podemos pensar como queramos, sino que debemos pensar tal y como lo prescriben las asociaciones que están presentes».

El vendedor debe darse cuenta de que la Decisión se basa siempre en: (1) los estados mentales de la persona en ese momento; más (2) los motivos añadidos que proporciona el vendedor en el proceso de venta.

Depende de la persona que vende proporcionar esos motivos, ya sean hechos, pruebas, apelaciones a la razón o excitación de los sentimientos. **La esperanza, el miedo, el gusto, la aversión... son los motivos más poderosos en la mayoría de los casos. En los negocios, estas cosas se conocen como «ganancias o pérdidas».** Todas las facultades de la mente aportan motivos que, al ser suscitados, pueden inclinar la balanza a un lado o a otro. Esto es lo que el argumento, la demostración y la apelación tratan de hacer: **aportar motivos.**

(*Nota*: Podría suponerse que cuando se ha alcanzado la etapa final de la Decisión, el proceso mental de la compra ha llegado a su fin. Sin embargo, no es así. **La voluntad tiene tres fases: Deseo, Decisión y Acción.** Hemos pasado por las dos primeras, pero la Acción sigue sin materializarse. Un ejemplo para explicarlo es el de una persona en la cama por la mañana. Cavila sobre la cuestión de si va a levantarse o no. Pero la acción no se produce necesariamente por el simple hecho de pensarlo y tomar una decisión.

10. Acción.

Este estado mental se define como «acto de la voluntad llevado a cabo. Es decir, realizado».

Mill dice:

«Ahora bien, ¿qué es una acción? No es una sola cosa, sino una serie de dos puntos: el estado mental llamado **intención, seguido de un efecto**. La volición o intención de producir el efecto es una cosa. El efecto producido como consecuencia de la intención es otra. Los dos juntos constituyen la **acción**».

Halleck dice:

«**Para que un acto de voluntad se complete, debe haber una acción que continúe la línea marcada por la decisión**. Muchas decisiones no han despertado los centros motrices a la acción, ni han acelerado la atención, durante ningún tiempo. Hay personas que pueden tomar una docena de decisiones en el curso de una mañana, y nunca llevar a cabo una de ellas. Sentado en una silla cómoda, puede llevar muy poco tiempo tomar una decisión que requerirá meses de trabajo duro llevarla a la acción.

Algunas personas parecen no entender nunca que **decidir** una cosa no es lo mismo que **llevarla a cabo**. Puede haber deseo, deliberación y decisión; pero si estos no derivan en una acción en la línea indicada, el proceso de la voluntad estará incompleto».

Muchas personas deciden hacer algo, pero les falta lo necesario para liberar los impulsos motores. Tienden a procrastinar y a retrasar el acto final. Estas personas son fuentes de problemas para el vendedor. Algunos comerciantes pueden llevar a sus clientes potenciales al punto decisivo, pero sin conseguir que estos actúen. Otros, por el contrario, parecen especialmente adaptados para «cerrar» estos casos. Se requiere una habilidad peculiar para «cerrar» ventas. El esfuerzo es totalmente psicológico. Lo trataremos en un capítulo posterior bajo el título «Cerrar». Ser un buen «cerrador» es la ambición de todo vendedor, ya que es la rama mejor pagada de su profesión. Depende en gran medida de la aplicación científica de la sugestión. Llevar a un cliente potencial a la acción es apretar el gatillo de su voluntad. A este fin se ha dirigido todo el trabajo que hemos explicado hasta aquí en el libro. Su psicología es sutil. ¿Qué es lo que hace que uno se levante finalmente de la cama por la mañana después de haberlo «decidido» varias veces anteriormente sin ningún éxito? Entender esto es entender el proceso de la Acción final o de remate en la mente del comprador. ¿No merece la pena aprenderlo?

En los capítulos siguientes nos centraremos en las diversas etapas del «progreso del vendedor» hacia una venta: el acercamiento, la demostración y el cierre. En estas etapas del vendedor, veremos la acción y la reacción sobre la mente del comprador, según las líneas de la psicología de la compra.

En la compraventa, confluyen las mentes del vendedor y del comprador. El resultado es el pedido firmado.

El proceso psicológico de la venta se asemeja al progreso de una partida de ajedrez o de damas. Y ninguno de los dos es el resultado del azar: en cada uno de ellos subyacen principios bien definidos y se establecen métodos decretados para el estudiante en el arte de vender más.

CAPÍTULO VIII
EL ENFOQUE

Los vendedores más expertos sostienen que en la psicología de la venta no hay una etapa o fase más importante que la etapa introductoria: la etapa del Acercamiento. Pierce dice: «Los vendedores experimentados le dirán que los primeros cinco minutos frente a un cliente potencial valen más que todo el resto a la hora de obtener el cheque. ¿Por qué? Porque es entonces cuando el cliente potencial se está formando sus impresiones sobre ti. Por lo general, se ve obligado a formarse esta imagen rápida, con el fin de conservar su tiempo para las tareas importantes. Por lo tanto, es tu deber hacer que esta primera impresión sea la mejor posible. Y la mejor manera de desarrollarla es ser genuino». Pero nunca debe perderse de vista que la primera impresión tiene como único propósito abrir una brecha para el fino filo de su cuña de vendedor, que luego debe llevar a su conclusión lógica: **el Pedido**. Impresionar por el simple hecho de impresionar es absurdo. Recuerde la vieja historia del vendedor que escribió que no estaba haciendo ventas, sino que estaba «dando una buena impresión a sus clientes». La empresa le contestó con cierta ironía: «Sal de nuevo y cierra pedidos, aunque caigas peor a tus clientes».

No pierdas de vista el verdadero objetivo de tu trabajo, que es VENDER MÁS, tras establecer tu primer contacto satisfactorio.

La National Cash Register Company (hoy NCR) instruye a sus vendedores sobre la primera impresión de la siguiente manera:

«Recuerda que los primeros cinco minutos de conversación con un cliente probablemente te harán ganar o perder la venta. Si eres de alguna manera antagónico u ofensivo para él, habrás dañado tus posibilidades desde el principio. Si no has logrado complacerlo o atraerlo hacia tu propuesta, no has hecho lo suficiente.

Debes causar una impresión positiva y favorable, y no mediante engatusamientos ni juegos de ingenio o astucia. **La única forma correcta de ganarse la simpatía de una persona es merecerla**.

La mayoría de los vendedores saben cuáles son las características de una persona que lo hacen agradable o desagradable; pero *se sienten* complacidos o desagradables, atraídos o repelidos, o indiferentes, y el sentimiento es definido y claro, aunque no puedan entender qué lo provoca.

El dueño de una tiendecita en un minúsculo pueblo es tan susceptible de caer bien o mal como cualquier otro comerciante o cualquier otra persona. Un ser humano es un ser humano, aquí o en Alaska.

No es tanto lo que vendedor *dice* cuando se acerca al cliente potencial, como la forma en que actúa. Es su manera de actuar, más que su discurso. **Y detrás de su manera está su Actitud Mental**.

Sin entrar en sutiles teorías psicológicas, podemos decir que se puede aceptar como hipótesis de trabajo que una persona irradia su Estado mental, y que aquellos a los que se acerca sienten estas radiaciones. Puede ser la sugestión, o puede ser algo más sutil, el hecho es que actúa como lo harían las radiaciones. Reconocido esto, se verá que la Actitud mental del vendedor en el Acercamiento debe ser la correcta. En los capítulos anteriores hemos hablado bastante sobre los factores necesarios para crear la Actitud mental positiva que se precisa para vender más. Ahora es el momento de manifestar lo que has aprendido y practicar, ya que estás en la etapa el Acercamiento.

Ten en cuenta manifiesto de Holman, del que te hemos hablado en un capítulo anterior. Mantén tu autorrespeto, y recuerda que eres una persona hecha y derecha. Pierce comenta al hilo de esto que «una de las razones fundamentales para realizar este trabajo correctamente es el respeto a uno mismo. El autorrespeto no puede obtenerse cuando falta la confianza en tu propia capacidad o en tu línea de productos. Suponiendo que solo se adopte una línea que se pueda respaldar con entusiasmo, toma la que te ofrezca más para dar al comerciante. Tú tienes que estar a la altura de tu cliente, por eso debes dar y transmitir más. No puedes estar por debajo de tu cliente potencial. Has de estar hombro con hombro, por así decirlo, con él. No eres como un esclavo para un amo, no eres un asalariado para con su señor, ni un gusano para una montaña, aunque esta es la actitud habitual que asumen consciente o inconscientemente los vendedores sin formación. Son tímidos. Sienten que deberían conocer mejor sus productos. Sienten, tal vez, que el cliente potencial conoce sus productos o los de sus competidores mejor que él mismo. El miedo se refleja en sus rostros cuando se produce el acercamiento. Las nueve décimas partes del miedo se deben al desconocimiento de los productos. La otra décima parte es la falta de experiencia».

Con respecto a este asunto del miedo, diríamos que la experiencia de la mayoría de las personas que han vivido vidas activas y extenuantes, encontrándose con toda clase de personas en toda clase de circunstancias, es que la causa del miedo a las personas y a las cosas existe única y exclusivamente en la imaginación. Es el miedo a la anticipación más que el miedo a las circunstancias reales. Es como el miedo que se siente al acercarse a la consulta del dentista, que es siempre peor que la experiencia real en sí. **El suspense y la expectativa temerosa son dos de las grandes fuentes de la debilidad humana.**

La experiencia nos demuestra que la mayoría de las cosas que tememos nunca ocurren, y que las que ocurren nunca son tan malas como habíamos temido.

Además, la experiencia nos enseña que, cuando nos enfrentamos a una dificultad real, solemos tener la fuerza y el coraje necesarios para afrontarla y soportarla, o para superarla, mientras que en nuestros momentos de temerosa expectación estos factores útiles no son evidentes. Los males del momento son suficientes. No son los problemas del momento los que nos agobian, sino las cargas de los momentos futuros que nos hemos echado sobre las espaldas.

La regla es hacer frente a cada cuestión u obstáculo a medida que se presenta, no añadir el miedo a los problemas del futuro al trabajo a este momento. No cruces el puente hasta que llegues a él. La mayoría de las cosas que se temen se desvanecen cuando se llega a ellas. Tienen la naturaleza del espejismo. Son los fantasmas de las cosas que nunca se materializan los que nos causan el mayor temor. Destierra el pensamiento de miedo de tu actitud mental positiva cuando hagas el acercamiento.

Pero, una palabra de advertencia aquí: No te vuelvas «un caradura» o impúdico porque te sientas autosuficiente e intrépido. La insolencia es una marca de debilidad más que de fuerza. Los grandes hombres están por encima de esta pequeñez. **Sé educado y cortés siempre**. El verdadero caballero se respeta a sí mismo y es educado. Y, al fin y al cabo, la mejor aproximación que puede hacer un vendedor es comportarse (y ser) un caballero. Esto ganará a la larga, y la conciencia de haber actuado así tenderá a fortalecer al vendedor y a preservar su autoestima. Recuerda no solo manifestar el respeto hacia ti mismo, sino también conservar las obligaciones de educación y cortesía que denoten que eres un caballero de verdad. *Noblesse oblige* —«la nobleza impone obligaciones».

Si quieres una máxima de acción y trato, aquí tienes una: **Actúa como debe hacerlo un caballero**. Si quieres una piedra de toque con la que comprobar los modales y las acciones, aquí tienes otra: «¿Sería este el acto de un caballero?». Si sigues este consejo, adquirirás una estrategia de comportamiento que será muy superior a la basada en reglas o principios artificiales —una manera natural—, porque la manera de un caballero es la expresión de la verdadera y pura cortesía, y será respetada como tal por todos, la observen ellos mismos o no.

Hemos visto muchos casos en los que el mantenimiento del verdadero espíritu de un caballero ante una fuerte provocación ha desarmado completamente la grosería, y se ha ganado la amistad y el respeto de aquellos que aparentemente se oponían en ese momento.

El primer elemento psicológico de una venta es la primera impresión que recibe el comprador. Y la impresión debe ser de tipo favorable. No debe haber nada que cree una mala impresión, ya que esto distraerá la atención del propósito del Acercamiento hacia el objeto particular que despierta lo desagradable.

El primer punto preliminar para ganarse la atención es saber cómo se llama la persona a la que te acercas y, si es posible, cuál es su empresa, dónde está su puesto de trabajo, etc. No hay nada más destructor para el vendedor que la falta de conocimiento del nombre y la identidad del cliente que desea ver, ya que puede echar por tierra todo su trabajo. Debe evitarse este tipo de errores. Si desconoces el nombre de tu cliente potencial, infórmate antes. Si no sabes de qué empresa es, infórmate

antes. Si no sabes cuál es su despacho, pregunta, educa-
damente por supuesto, dónde está la oficina del «señor
X». Si por casualidad le haces esta pregunta al propio
«señor X», podrás aprovechar fácilmente la ocasión. El
fiasco de acercarse al «señor A» y saludarlo como «señor
X» suele ser confuso y debilitante, y tiende a introducir
el elemento del ridículo en la entrevista, a no ser que el
vendedor tenga el tacto y el ingenio de disimularlo. Si es
posible, evita preguntar por «el propietario» o preguntar a cualquier persona «¿es usted el dueño?». Es mejor
que preguntes a una persona que claramente no sea el
dueño: «¿me podría indicar dónde puedo localizar al
propietario, por favor?».

En la National Cash Register se les dice a sus vendedores:

«Es improcedente describir una forma definida de palabras y exigir a los vendedores que las utilicen en todos
los casos cuando se acercan a los comerciantes en la
primera entrevista. Lo que sería apropiado decir a alguien
en determinadas circunstancias podría ser inadecuado
decírselo a otra persona que se halla en circunstancias
diferentes. Esto debe dejarse a la discreción del vendedor. Al mismo tiempo, existen ciertas declaraciones principales que deben hacerse, y ciertas formas de hacerlas
que la experiencia ha demostrado que se adaptan bien al
fin que se persigue.

No es necesario que esta charla introductoria sea larga. **A
menudo una charla corta es más convincente**. No acon-
sejamos a los vendedores que se presenten enviando una
tarjeta, sino que preferimos que dependan totalmente
de lo que puedan decir para asegurarse una audiencia.
Desaprobamos firmemente las presentaciones oscuras y
todos los trucos, y creemos que un vendedor debe tener

algo que valga la pena decir. Por supuesto, no se debe avergonzar de su empresa ni de su forma de negocio, y debe ser capaz de dar a conocer su misión de una manera audaz y directa.

Un vendedor debe adaptarse a su cliente, pero al mismo tiempo debe tener una idea fija de lo que tiene que decir. Debe ser digno y serio.

En cuanto consiga llegar al propietario debe decirle: «¡Buenos días! ¿Es usted el señor Johnson?», para después continuar con: «Represento a la National Cash Register Company». Esto lo coloca inmediatamente en una posición de igualdad y, si tiene algo que decir en contra de su negocio, atraerá su fuego sin dudarlo. Si no tiene nada que decir, debe proceder a la negociación inmediatamente.

No debe decir, en ninguna circunstancia: «He llamado para venderle una caja registradora» o «He llamado para hablarle de nuestras cajas registradoras», sino más bien: *«Quiero darle a conocer nuestros métodos para realizar las transacciones con los clientes en su tienda. Creo que le podría interesar».* La diferencia entre las dos formas de decirlo es que una empieza por *tu parte del negocio*, lo que te interesa *a ti*, mientras que la otra empieza por *su* parte, lo que presumiblemente le interesa a él».

Quiero que estudiante del *Arte de vender más* preste especial atención al párrafo anterior. Contiene en pocas palabras toda la filosofía de la charla introductoria del Enfoque. Es la esencia de la experiencia y el conocimiento de los miles de vendedores de la gran organización de ventas de la extraordinaria empresa mencionada.

Va directo al grano y, lo que es aún más importante, es científicamente correcto, y se basa en verdaderos principios psicológicos.

El vendedor, al hacer la aproximación, no debe actuar como si tuviera prisa, ni tampoco debe perder el tiempo. Debe actuar de manera comercial, mostrando que es **consciente del valor del tiempo** y, sin embargo, actuando como si tuviera el tiempo necesario para la transacción de ese negocio en particular, tal como lo haría si el comprador lo hubiera llamado a él en lugar de lo contrario.

No te pavonees ni actúes como si fueras el propietario. Actúa como un verdadero de negocios que está tranquilo y que, no obstante, está prestando toda la atención del mundo a lo que está haciendo.

No intentes «meter prisa» al cliente en el Acercamiento: debe parecer que le concedes la palabra para iniciar la conversación de una manera respetuosa y a la vez delicada.

Cuanto más equilibrada sea su actitud, más te respetará, con independencia de cómo actúes.

Es mucho más fácil para un comprador rechazar a un vendedor grosero sin educación que a uno que muestra signos de ser un caballero. De hecho, el vendedor grosero invita al rechazo, lo sugiere con sus modales, mientras que el caballero transmite e invoca un trato respetuoso. La línea de menor resistencia en la sugerencia es la más natural para la gente.

Algunos vendedores tratan de agarrar la mano del cliente al principio. Esto está bien si el cliente es una persona jovial, del tipo «amigo sano, bien conocido», pero si es reservado y digno, le molestará que le prestes atención. Lo que hay que hacer es tratar de que le apetezca estrechar la mano. Este es un punto importante, que cuenta si se gana. Por lo general, **se puede saber si hay que darle la mano por su forma de actuar y su expresión**. Debes confiar en tu intuición para «evaluar» a tu cliente. Lo que he explicado a lo largo del libro sobre la mente del comprador te ayudará, y los datos que hayas tomado previamente también serán útiles. Pero, al final, debes depender de tu propia intuición en gran medida. La experiencia desarrolla esta facultad intuitiva.

Algunos vendedores ponen sus tarjetas en las manos de un cliente potencial cuando se presentan. Esto es síntoma de una mala psicología, ya que sirve para atraer la atención del cliente potencial hacia la tarjeta y alejarla del vendedor.

> Preséntate oralmente, de forma sencilla y clara, y luego ve al grano.

Si ves que alguien está ocupado con otra persona, o con algo en particular, espéralo. No interrumpas hasta que levante la vista y te dé la señal psicológica para proceder. Nunca cortes a otro vendedor que pueda estar hablando con tu cliente potencial. Esto no es solo una cuestión de juego limpio y cortesía comercial, sino que además es una muy buena política mercantil.

Cuando comiences tu charla introductoria, ve directamente al grano y no te andes por las ramas, como hacen muchos. Ve al grano, supera la agonía del suspense y da el paso.

Recuerda siempre que, para el cliente potencial, su pequeña historia no es tan rancia o estereotipada como puede serlo para ti; por lo tanto, pon seriedad y cuéntala como si fuese la primera vez que se la cuentas a alguien que te la ha pedido. Mantén su interés, si quieres despertar el del posible cliente.

Nunca cometas la torpeza de preguntar a un cliente potencial: «¿Está usted ocupado?» o «Creo que está ocupado, ¿verdad?». Esto da muy mala impresión, le facilitas el poder decir sin miramientos: «¡Sí!». Le estás preparando las balas para que te dispare. Si realmente está demasiado ocupado para prestarte la debida atención, hará bien en decírtelo y marcharse, pero nunca le des pie para que lo haga con preguntas absurdas. Nunca facilites el rechazo. Si va a hacerlo, que se lo trabaje. Esto puede parecer un consejo obvio, pero muchos vendedores jóvenes cometen este error. Evita la actitud de disculpa: no tienes nada de qué disculparte. Tú estás empleando tu tiempo tanto como el suyo. Déjalo así. Nunca te disculpes por nada que no sea una falta. Y esto no es una falta. Hay personas que se disculpan hasta por respirar, pero jamás llegarán a ser vendedores. Es simplemente un signo de debilidad y falta de templanza. Es mejor dejarlo estar.

El problema con estas personas «explicativas» es que no creen realmente en el valor de sus propuestas. Si realmente creyesen, como deberían, vendiéndose primero a ellas mismas, se darían cuenta de que el cliente potencial necesita sus productos, y que, aunque no lo sepa ahora, se le está haciendo un favor por ofrecérselos.

Un vendedor no tiene necesidad de disculparse con un cliente, a menos que tenga que disculparse consigo mismo, y si no tiene razones para hacer esto último, será mejor que cambie de línea y consiga algo que vender de lo que no se avergüence, o que abandone el negocio por completo.

Ninguna persona se avergüenza de algo en lo que cree y aprecia plenamente.

El siguiente consejo de la National Cash Register Company, es como todo lo que dicen y hacen, excelente:

«No intentes hablar con un individuo que no está escuchando, que está escribiendo una carta u ocupándose de cualquier otra cosa mientras tú hablas. Eso es inútil, además de ser una pérdida de autoestima y de su respeto. Si no puede prestarte atención, dile: «Veo que está ocupado. Si puede prestarme su atención durante unos minutos, me complacerá; pero no quiero interrumpirlo si no puede dedicarme tiempo, y volveré a llamarle en otro momento». Intenta comprender y sentir a fondo la distinción entre confianza y familiaridad. Jamás faltes al respeto ni a ti mismo ni a la persona con quien hables. Nunca te tomes confianzas con ella. No le pongas nunca la mano en el hombro o en el brazo, ni agarres su abrigo. Ese tipo de cosas pueden molestar y tú eres un caballero.

Nunca golpees el escritorio ni agites el dedo ante un cliente potencial. No le grites como si el sonido sustituyera al sentido común. No te acerques a él y le hables con tanta excitación que se aleje de ti por miedo a ser atropellado. He visto a un agente de ventas hacer retroceder a un posible cliente hasta la mitad de una habitación de esta manera.

No obligues a alguien a escucharte mediante la técnica de hablar alto o rápido. No le hagas sentir que no puede decir una palabra y que tiene que escuchar hasta que tú te quedes sin aliento. Este no es el tipo de actitud para con los clientes. Por el contrario, haz creer que tienes algo que decir y que lo dirás rápidamente. Ponte en el lugar de la otra persona desde el principio. Haz sentir, no que estás tratando de imponerle *su* negocio, sino que quieres hablar de cómo su negocio puede beneficiarse de este posible acuerdo».

Uno de los mejores vendedores que ha tenido esta empresa ha transmitido a su departamento de vendedores el siguiente axioma: «Si solo puedes hacer una cosa, al acercarte a un posible cliente, di: '*Le ahorraré dinero*', siete veces, y habrás conseguido un buen planteamiento». Los hechos concretos, expresados en términos concisos, son la esencia de la charla inicial y el cuerpo vital del enfoque.

Lo que hemos dicho hasta ahora se refiere a la etapa de la «Primera impresión», que sigue a la etapa preliminar de la Atención involuntaria que arrancó con nuestra presencia. El objetivo de la Primera impresión favorable es allanar el camino para el verdadero proceso de venta que vas a seguir. El principio de la Primera impresión se basa en la experiencia asociada del comprador, y su efecto nace de la sugestión. La idea o impresión general y apresurada de la personalidad del vendedor, que llamamos Primera impresión, es casi inconsciente por parte del cliente potencial, y se debe en gran medida a la sugestión de la asociación. Es decir, el cliente potencial ha conocido a otras individuos que manifiestan ciertas características, y ha caído en el hábito de la generalización apresurada, o la clasificación de las personas de acuerdo con ciertos rasgos de apariencia, modales, etc. Esta es la operación del principio psicológico de la Asociación de ideas, y se puede ver influida por lo que se conoce como la Sugestión de asociación. La siguiente cita del volumen de esta serie titulado *Sugestión y autosugestión* aclarará este principio:

«Esta forma de sugestión es una de las fases más comunes. Se encuentra en todas partes y en todo momento. La ley mental de la asociación hace que nos sea muy fácil asociar ciertas cosas con otras, y veremos que cuando una de las cosas se recuerda, conlleva su impresión asociada. Somos propensos a asociar a una persona bien vestida, de porte imponente, que tiene un automóvil lujoso, con la idea de riqueza e influencia. Y, en consecuencia, cuando algún aventurero, del tipo «tengo un cartel en la frente que dice «soy un estafador», se cruza en nuestro camino, vestido con ropa suntuosa, con el aire de tío Gilito, y un automóvil de 10.000 dólares (alquilado, claro está), nos apresuramos a poner nuestro dinero y objetos de valor a buen recaudo, y nos consideramos afortunados por haber podido hacerlo».

La sugestión de la autoridad también desempeña su papel en la primera impresión y, de hecho, en todas las etapas de la venta. Esta forma de sugestión se describe en el libro que acabamos de mencionar de la siguiente manera: «Si una persona que se hace pasar por una autoridad, o hace creer que ocupa una posición de mando, asevera tranquilamente una falacia con un aire de sabiduría y convicción, sin ningún «si» o «pero», muchas personas, por lo demás cuidadosas, aceptarán la sugerencia sin cuestionarla, a menos que se vean obligadas después a analizarla a través de la razón. De este modo dejarán que esta semilla se aloje en sus mentes para que florezca y dé sus frutos más tarde.

La explicación lógica de por qué sucede esto es que en tales casos la persona suspende la atención crítica que suele interponer la voluntad atenta, permitiendo que la idea entre en su mente sin ser cuestionada, y que, de esta manera, influya en otras ideas en el futuro. La aceptación de tales sugestiones es similar a la de una persona que se traga un trozo de comida en vez de masticarlo. Por regla general, nos tragamos muchos trozos de comida en nuestra mente…

Muchas personas que entienden esta fase de la sugestión se aprovechan de ella, y la «utilizan en sus negocios» en consecuencia. La persona que despierta confianza, al igual que el político astuto y el vendedor cubierto de oro, se imponen al público por medio de su autoridad, o por lo que se conoce vulgarmente como «mostrar una buena fachada». Algunas personas son todo «fachada» y no tienen nada detrás de su aire de autoridad, cuando es precisamente ese aire de autoridad lo que les da la vida».

La sugestión del modo, de la apariencia y del aire asociado —la «buena fachada», de hecho— **es el elemento principal para la Primera impresión favorable**.

El equilibrio es una mezcla de tacto, diplomacia, sentido común e intuición. Pero recuerda siempre esto: **la mejor «fachada» es la real**, la que es el reflejo de la Actitud mental y el Carácter correctos, la «fachada» del caballero. Si careces de ella, cuanto más te acerques a ella, mejor. Pero **ninguna imitación es tan buena como lo genuino**. El verdadero caballero es la mezcla científica de fuerza y cortesía.

Hasta aquí la primera impresión.

Las fases mentales de la curiosidad y el interés asociado por parte del comprador también deben ser inducidas por el vendedor en la aproximación. Hemos descrito estas fases en el capítulo titulado *La psicología de la compra*, cuyo apartado debe releerse ahora para tenerlo fresco. Sin embargo, unas palabras adicionales sobre estos puntos no estarán de más aquí.

En lo que respecta a la fase de la curiosidad, diríamos que será bueno si puedes manejar la charla inicial con el cliente potencial de manera que «lo mantengas un poco intrigado», sin dejar de despertar su interés asociado. La curiosidad despierta el interés del cliente como el olor de la salsa más deliciosa te abre el apetito. La clave para aguijonear la curiosidad es la idea de «algo nuevo», una idea novedosa, un nuevo modelo, un dispositivo innovador, etc. A la mente de la persona media le gusta «lo nuevo» —incluso a los viejos aficionados les gusta algo nuevo en sus favoritos, nuevas botellas para su buen vino de siempre, por ejemplo. La idea de lo nuevo y la novedad tiende a despertar la curiosidad y la imaginación de la gente. Si consigues poner en marcha este aspecto, estarás en el buen camino, ya que el interés asociado está estrechamente relacionado con esto. Cuando consigues que un cliente potencial llegue a la fase de hacer preguntas, ya sea verbal o mentalmente, tienes el juego bien encarrilado.

Nunca cometas el error de preguntar al cliente si «quiere *comprar* tal o cual cosa». **Por supuesto que no lo quiere en ese momento**, sobre todo si se lo preguntas de esa manera. Es demasiado fácil que diga que no de forma rotunda.

Es casi tan malo como esa ilustración de stock de la sugerencia adversa: «No quiere comprar tal o cual cosa, ¿verdad, señor?», que provoca un «¡No!» de la persona media. Tampoco se debe decir: «He llamado para ver si puedo venderle tal y tal cosa hoy, señor X». O: «¿Puedo venderle tal y tal cosa esta mañana, señor Z?». Esta forma de despertar el interés se basa en principios psicológicos erróneos. Por supuesto, el cliente potencial no quiere comprar ni que le vendas en ese momento, no está preparado para ello; **la venta es la fase final**. Este plan es como cortar un tronco de madera con el extremo del hacha: estás presentando el extremo equivocado de la propuesta. Nunca podrás despertar la curiosidad o el interés asociado de esta manera.

Olvídate de las palabras «usted + verbo comprar» y «yo + verbo vender» por el momento; de hecho, cuanto menos las utilices en cualquier etapa, mejor que mejor. Hay excelentes sustitutos para estos términos: vocablos que sugieren beneficio, ventaja, ahorro y placer a la mente del comprador, en lugar de ideas de gasto o «renuncia». **Intenta sugestionar la mente de tu comprador para que visualice el flujo de dinero entrante, nunca el saliente**. La razón es obvia si entiendes las leyes de la sugestión y la psicología.

En resumen, en esta fase, apela por completo al interés propio, al placer y a la curiosidad del cliente potencial. Intenta que se caliente y que su imaginación funcione a toda máquina en la dirección favorable. Si lo consigues, se olvidará de sus otros focos de atención y bajará su escudo de resistencia instintiva ante alguien que él cree que «quiere *vender* algo» y abrirá su cartera. Es esta la etapa en la que debes introducir el lado afilado de tu cuña psicológica. Aquí es donde necesita el filo de tu hacha. El extremo de la culata puede reservarse para la Decisión y el Cierre.

En la medida de lo posible, no hagas preguntas a las que el cliente potencial pueda responder «no» en esta fase. Esquiva cualquier señal de una posible negativa.

Pero si suelta un «¡No!» o dos, **no lo escuches**. Deja que su "¡No!" se deslice como el agua por el lomo de un pato, rechaza admitirlo en su conciencia, niégalo mentalmente, rechaza la evidencia de sus oídos. No es momento de «Noes». Sigue adelante sin pensar en esas las palabras. Sigue apelando a su interés en las fases de curiosidad e interés asociado. **Tu objetivo es llevar al cliente potencial a la fase de Consideración, nada más**. Esta fase se refleja con una pregunta que muestra el deseo de conocer los detalles de su propuesta. La pregunta puede mostrar solo un matiz de interés, pero marca un movimiento en el juego. Es la respuesta del cliente potencial a su apertura. Es un momento psicológico importante en el juego. La siguiente jugada es la tuya.

Y ese movimiento está en el plano de la Manifestación, pues la etapa del acercamiento ya ha sido superada.

Antes de pasar a la consideración de la etapa de Demostración, quiero resaltar un excelente consejo con respecto a la cuestión de los rechazos, que tan a menudo se encuentran en la etapa de Acercamiento. Es de la pluma de W.C. Holman, y apareció en su revista *Salesmanship*. El señor Holman comentó allí que: «Un vendedor aficionado recibirá un desaire con tanta gracia y facilidad y con tan poco daño para sí mismo como un jugador profesional de béisbol recibe un bateador al rojo vivo, y sigue jugando como si nada hubiera pasado. Un vendedor aficionado querrá dejar de jugar, o llamar la atención del árbitro sobre la intención maliciosa del bateador. Un golpe que derribaría a un hombre corriente solo servirá para que un boxeador profesional demuestre su agilidad y se gane los aplausos. Si se deja caer una tabla sobre un corcho en el agua con un tremendo chapoteo, el corcho se levantará tan serenamente como si no hubiera pasado nada, y volverá a reposar tranquilamente en la superficie imperturbable del agua.

De esta manera, **un vendedor inteligente, cuando un cliente potencial malhumorado le da un golpe, se limita a esquivarlo con elegancia y continua tranquilamente con su propósito. El autocontrol desarma todos los ataques malintencionados»**.

CAPÍTULO IX
LA DEMOSTRACIÓN

En el último capítulo dejamos al vendedor en la fase de aproximación en la que el cliente potencial manifiesta el suficiente interés como para hacer una pregunta o una objeción interrogativa. Este es un punto o etapa psicológica importante en el juego, y aquí el Acercamiento se fusiona con la Demostración por parte del vendedor. La etapa de atención pasiva por parte del cliente potencial se fusiona con la de atención activa, discusión y Consideración.

> En el momento en que el cliente potencial deja de ser un oyente pasivo y muestra el suficiente interés activo como para hacer una pregunta o una objeción interrogativa, el gran juego de la venta comienza en serio. La demostración ha comenzado.

Esta fase de la venta se parece mucho a una partida de ajedrez o de damas. La aproximación y la conversación preliminar del vendedor constituyen el primer movimiento del juego; la respuesta, la pregunta o la objeción del cliente potencial es el segundo movimiento. Es entonces cuando comienza el verdadero juego o la negociación. Ahora «depende» del vendedor hacer su segundo movimiento, que es un movimiento de respuesta al del cliente potencial. Y este movimiento en particular es muy importante en el gran juego de la venta. Al igual que una primera jugada importante en las damas o en el ajedrez, el éxito o el fracaso de toda la partida puede depender de ello, por lo que es bueno tener esta jugada planeada como parte de su estudio preliminar.

Macbain explica a cerca de la primera observación del cliente potencial:

«El cliente no se va a comprometer en respuesta a la primera observación. Siempre mantendrá una reserva considerable. Siempre habrá objeciones —expresas o implícitas—. Puede variar desde «estoy ocupado», «no me interesa», «no le veo un uso para mi empresa» o «ya tengo productos similares», etc.

Pero, al igual que en el ajedrez o en las damas hay ciertas «respuestas» indicadas para cada una de las primeras jugadas de apertura, todas las cuales están completamente indicadas y explicadas en los libros de texto sobre estos juegos, así como en el gran juego de las ventas, existen ciertas respuestas ya prefabricadas para estas jugadas preliminares por parte del cliente potencial. Las grandes empresas de venta tienen escuelas de instrucción, presenciales o virtuales, en las que el vendedor recibe las respuestas adecuadas y lógicas a las objeciones y preguntas que suele plantear el cliente potencial. Podrás comprobar que realmente existen pocas jugadas de este tipo en el juego de los clientes potenciales medios: tienden a decir las mismas cosas en las mismas circunstancias, y siempre hay una respuesta apropiada. El vendedor adquirirá muchas de estas respuestas a través de la experiencia, la conversación con vendedores más veteranos o las instrucciones de su jefe de ventas o de su negocio. Cada línea tiene su propia reserva de objeciones y su propia reserva de respuestas a las mismas.

Existen dos clases generales de respuestas a las objeciones, que se aplican a casi todo tipo de propuestas. La primera es la de atrapar hábilmente la objeción en su hoja de esgrima mental, dejando que se desprenda, y al mismo tiempo conseguir un empuje en su oponente. Al presidente Patterson de la National Cash Register Company se le atribuye una habilidad especial en este tipo de respuesta, y se dice que sus vendedores están instruidos para escuchar cuidadosamente la objeción del cliente potencial y luego devolvérsela con un comentario basado en el principio de: «Pues esa es la razón por la que debe hacerlo», etc.

En otras palabras, **la objeción debe convertirse en un argumento a favor de la propuesta**. En manos de un maestro vendedor, esta forma de respuesta es muy eficaz, y a menudo da resultados por su audacia e imprevisibilidad. Pero no todo el mundo tiene la habilidad de utilizarla con ventaja.

La segunda clase de respuesta se basa en lo que se denomina Resistencia indirecta, que, por cierto, es a menudo la forma más fuerte de *resistencia*, y logra su efecto previsto evitando la oposición y el antagonismo de la Resistencia directa. Algunos escritores sobre el tema han llamado a esto «No-resistencia», obviamente un nombre equivocado, ya que es una forma de resistencia, aunque sutilmente disfrazada. Es análoga al árbol que se cimbrea para no romperse bajo las ráfagas de viento, del acero flexible que se dobla a la presión en vez de romperse como lo haría el hierro; pero ambos vuelven a su sitio inmediatamente. Por lo general, es una política ineficaz oponerse directamente a la perspectiva sobre puntos menores. El aspecto principal es lo que se busca. Y ese punto fundamental es el orden, el resto es inmaterial y sin importancia. Contrastemos la Resistencia directa y la Resistencia indirecta, y veamos los puntos de cada una.

En la Resistencia directa las objeciones menores del cliente potencial se encuentran con la respuesta: «Se equivoca, señor X»; o, «Está totalmente equivocado»; o, «Se equivoca de opinión»; o, como oímos en un caso: «Su objeción es ridícula». La Resistencia directa es necesaria en algunas situaciones, o en raras ocasiones, pero debe usarse con moderación y precaución. Es un remedio desesperado indicado solo para enfermedades desesperadas. La Resistencia indirecta se expresa en respuestas de: «Eso es posiblemente *cierto* en algunos casos, *pero…», etc.; o*, «Es *muy* cierto lo que usted dice, señor X, *pero…*», etc.; o, «Como proposición general eso es probablemente correcto, *pero…*», etc.; o, «Estoy totalmente de acuerdo con usted, señor X. que (etc.), pero en este caso particular creo que debe hacerse una excepción», etc. El valor de esta forma de resistencia radica en el hecho de que:

No te cuesta nada permitir que el cliente potencial conserve sus propias ideas y mantenga sus propios prejuicios, siempre que no interfieran con la lógica de tu argumento general, ni afecten a tu punto principal, el orden.

Tú no eres un misionero ni un pedagogo, eres solo un vendedor y tu negocio es *recibir pedidos*. Deja que el cliente conserve sus ideas (por absurdas que estas sean) y sus prejuicios (aunque sean intolerantes), siempre que puedas dirigirlo directamente al punto de realizar un pedido.

El principio activo en la Resistencia indirecta es deshacerse de sus objeciones generales de la manera más fácil y corta, permitiéndote retenerlas, y concentrando su atención e interés en los puntos particulares de su propuesta, los puntos positivos y materiales de su caso particular.

Evita las disputas sobre aspectos no esenciales, generalidades y puntos inmateriales. Tú no tratas de obtener el primer premio en el debate, sino que *buscas pedidos reales*.

Recuerda los principios legales de los puntos «pertinentes, relevantes y materiales», y deja de lado las cuestiones secundarias «inmateriales, irrelevantes e impertinentes», aunque tengas que admitirlas tácitamente en la Resistencia indirecta. Resumiendo: *Desviar y esquivar lo no esencial*.

El vendedor ha llegado al punto en el que el cliente potencial manifiesta la etapa psicológica de la Consideración, es decir, la etapa en la que está dispuesto a «pensar e investigar» sobre el asunto o, mejor dicho, sobre el tema u objeto de tu propuesta. Esta etapa no debe confundirse con la de Deliberación, en la cual el interesado sopesa los pros y los contras de la compra. Ambas etapas son muy diferentes. La etapa actual —la de Consideración— es simplemente la fase de examen, investigación o indagación del asunto, para ver si realmente hay algo de interés práctico para él. Es más que un mero interés asociado, pues ha pasado a la manifestación de una investigación interesada. En muchos casos, el proceso nunca pasa de esta fase, sobre todo si el vendedor no entiende la psicología del proceso.

Muchos vendedores cometen el error de tratar de pronunciar su discurso de cierre en este punto, pero esto es un error. El cliente potencial debe entender los diferentes detalles de la propuesta, o bien las cualidades y características de los productos, antes de usar su imaginación o sentirse inclinado a poseer lo que sea que vendas. Así que aquí es donde entra el trabajo de explicación.

El término «demostración» tiene dos significados generales, cada uno de los cuales se ejemplifica con etapas en el trabajo de demostración del vendedor. El primer significado y etapa son: «Una muestra o señalización; una indicación, manifestación o exhibición». La segunda acepción y etapa son: «El acto de demostrar claramente, mediante pruebas que se puedan estudiar, evidencias indubitables, más allá de la posibilidad de duda o contradicción». La primera etapa es la de «mostrar y señalar»; la segunda, la de «probar». La primera es la de presentar las características de una cosa; la segunda, la de argumentar y probar lógicamente. Y, por lo tanto, recuerda que ahora estás en la etapa de «mostrar y señalar», no en la de «argumentar y probar».

En cuanto a la cuestión de «mostrar y señalar» los rasgos y características de sus productos o propuesta, debes recordar siempre que el cliente potencial no conoce los detalles de su propuesta o artículo de venta como tú o como *debería* conocerlos. El tema no es «rancio» para él, como pueda serlo para ti si no has mantenido el entusiasmo. Por lo tanto, evita una pérdida de tiempo innecesaria. No cometas el error de apresurarte en este punto de la demostración y descuidar así las características importantes. Es mejor una característica bien explicada y enfatizada que una veintena de ellas apresuradas de manera descuidada.

El cliente potencial debe tener tiempo para permitir que los puntos se asienten en su mente. Algunas personas son más lentas que otras en este aspecto. Observa la cara del cliente potencial para ver, por su expresión, si realmente ha entendido lo que estás explicando. Es mejor presentar un punto de una docena de maneras, para obtener una comprensión buena, que presentar una docena de puntos que no se entiendan en absoluto.

Para poder mostrar tus productos o tu propuesta en esta fase, debes haberte familiarizado con ellos y haber sintetizado los puntos destacados en un orden de presentación natural y lógico, yendo de lo sencillo a lo complejo.

Ten cuidado de no sugerir la *compra* en este punto, no sea que tu cliente potencial se asuste y pierda el interés en la demostración. Naturalmente, está a la defensiva, ya que huele cómo estás intentado agarrarte a su bolsillo porque no es tonto. Así que debes tratar de alejar su mente de este punto despertando su atención interesada en los detalles de tus productos o propuesta. Explica los detalles tal y como lo harías si el cliente potencial te hubiese llamado con el propósito de investigar.

De hecho, si tú trabajas con la actitud mental positiva adecuada, tendrás la capacidad para volver las tornas y hacer un cambio psicológico, por el cual las posiciones quedarán invertidas, de modo que parecerá que el cliente potencial ha sido el que te ha llamado a ti, no al revés. Hay un punto psicológico importante aquí que deberías recordar. La persona que llama en primera instancia siempre tiene «la jugada» sobre el que recibe la llamada. Si puedes invertir esta condición psicológica, habrás ganado una gran ventaja. Un interés personal despertado en los detalles de una propuesta, por parte del cliente potencial, tiende a invertir las condiciones.

Si quieres entender cómo es una demostración científica de un artículo o propuesta, te vendría bien escuchar la demostración de un vendedor bien entrenado de la National Cash Register Company. Esta empresa instruye a sus vendedores a fondo en esta parte de su trabajo, hasta que tienen cada detalle fijado en sus mentes en su orden lógico apropiado. Un vendedor veterano de esta compañía debería ser capaz de repetir su fórmula tanto al revés como en el orden normal, comenzando por la mitad y trabajando hacia delante o hacia atrás a voluntad. Comprende el «por qué» y el «para qué» de cada detalle de su artículo y propuesta, y está capacitado para presentarlos en su orden lógico. Escuchar una charla de uno de sus mejores vendedores es una oportunidad de aprendizaje única.

La esencia de esta etapa de la demostración es que debe darse con el espíritu de un recital conversacional de una historia interesante, o la descripción de un evento. Habla de forma impersonal, es decir, evita sugerir al posible cliente que estás tratando de venderle el producto. Deja que esta parte de tu charla se realice desde el puro entusiasmo que le inspiran los méritos de su propuesta. Que sea una labor de amor: olvídate de su esperanza de venta o beneficio. El único objetivo de tu vida, en ese momento, debe ser **inspirar a los posibles clientes con el increíble valor de tu propuesta**. El tuyo debe ser el espíritu de propaganda que busca conversos, impartiendo información para el bien de los demás y «para la causa». Olvídate de la próxima colecta, céntrate en la seriedad de tu sermón.

La National Cash Register Company instruye a sus vendedores de la siguiente manera con respecto a esta etapa de la demostración:

«Cuando se ha conseguido que un cliente potencial asista a una demostración, se ha dado un paso muy importante. Puedes dar por sentado que el cliente está en cierta medida interesado en el tema. Ahora, por supuesto, aprovecha al máximo esa oportunidad. Di lo que tengas que decir a fondo y con cuidado. No le des vueltas a tu demostración de forma apresurada, como si tuvieras que decir X palabras por minuto.

Bríndale la oportunidad de hablar, de hacer preguntas o de plantear objeciones. Es probable que tenga ciertas ideas en su mente que pueden ser una ayuda o un obstáculo decisivo para tu argumento. Deberías aprender cuáles son. No creas que porque te escuche en silencio está de acuerdo contigo, o incluso que entiende todo lo que dices. Habla deliberadamente. Si ves en su rostro una expresión de perplejidad o duda que algo no le resulta del todo claro, detente y acláralo.

Tómate el tiempo suficiente para explicar cada punto a fondo. Siempre que hagas una declaración que pueda ser cuestionada, asegúrate de obtener su asentimiento antes de continuar. **Si no está de acuerdo exactamente con lo que dices, modifícalo hasta que lo haga**. Haz que asienta en cierto grado a cada propuesta que hagas, de modo que cuando llegues al resultado general no pueda volver atrás y estar en desacuerdo contigo. Pero no lo hagas como si intentaras acorralarlo, sino con el simple deseo de llegar a una base argumental razonable.

Deja a un lado todo intento de ser un hablador inteligente, toda idea de que hay alguna fórmula de palabras o de maneras, alguna artimaña secreta en la venta de registros, y saca tu espíritu de sinceridad y libre de afectación de alguien que simplemente tiene una verdad que transmitir, y está empeñado en hacerlo de la manera más sencilla y transparente.

> Evita, por encima de todo, el error fatal de exponer algo a tu cliente potencial aplicando la táctica del miedo, la prisa o la incertidumbre.

Comprende plenamente el poder de los hechos que te respaldan y ten plena confianza en tus convicciones. Expón fría y deliberadamente cada punto de forma clara y concluyente, y conduce al cliente potencial por pasos sencillos hasta alcanzar la convicción absoluta».

Si has mantenido la atención de tu cliente potencial durante esta etapa de la demostración, verás que su imaginación está empezando a trabajar en la dirección correcta, visualizando la propuesta o los productos que estás intentando venderle.

Es una ley psicológica que la investigación interesada, o la consideración, tiende a despertar el interés de la imaginación y el deseo si el objeto de la investigación coincide con la tendencia general del pensamiento y los sentimientos de la persona. El propio proceso de investigación saca inevitablemente a la luz nuevos puntos de interés. Entonces el acto de investigar y descubrir crea instintivamente un sentimiento de propiedad en la cosa investigada o descubierta. Establece una asociación entre el objeto y su investigador.

Halleck dice:

«No debemos olvidar que cualquier persona que no sea superficial y voluble puede descubrir pronto algo interesante en la mayoría de los productos, la atención que es capaz de prestar generalmente termina encontrando un diamante en bruto en el aspecto menos insignificante. La esencia del genio es presentar una cosa vieja de forma nueva.

Cuando pensamos en una cosa, o mantenemos la mente concentrada en un tema, tu actividad cerebral aumentará inmediatamente, creando nuevas redes neuronales. Como resultado de esto, surgirá de repente en la conciencia una idea completa con todas sus conexiones».

Hoffding dice:

«La red de esta información interconectada en la imaginación tiene lugar en gran medida por debajo del umbral de la conciencia, de modo que esta imagen mental se crea repentinamente y es el resultado consciente de un proceso inconsciente.

Una imagen representativa de la cosa deseada es el antecedente necesario del deseo. El deseo no surge hasta que llega a la mente una idea representativa. Se ha dicho a menudo que donde no hay conocimiento no puede haber deseo. Un niño ve un juguete nuevo y lo desea. Un hombre observa algunas mejoras en la casa de su vecino y las desea. Una nación descubre que otra tiene un barco de guerra de un modelo superior y enseguida desea algo tan bueno o mejor. Un erudito ve una nueva enciclopedia u obra de referencia y nace el deseo de tenerla. Una persona regresa y cuenta a sus amigos lo delicioso que es un viaje al extranjero y sus deseos de viajar aumentan. **El conocimiento provoca el nacimiento del deseo, y el deseo señala el punto a la voluntad**».

En estos párrafos hemos citado a eminentes autoridades, mostrando la línea directa del progreso psicológico desde la investigación interesada, a través de la imaginación, hasta el deseo y la voluntad. Uno investiga y adquiere un conocimiento favorable respecto a un tema, entonces su imaginación opera para mostrarle la posibilidad de su aplicación exitosa a su caso personal, y se despierta su deseo.

La etapa de la imaginación se alcanza cuando el interesado comienza a pensar en el producto o en la propuesta con relación a sí mismo. Entonces comienza a imaginárselo cubriendo sus necesidades o requisitos, o bien en relación con sus deseos, gustos y sentimientos generales.

Para despertar la imaginación del cliente potencial, el vendedor debe esforzarse por pintar «imágenes con palabras» del producto en su máxima expresión, valor y utilidad. Debe esforzarse por hacer que el cliente potencial *vea* mentalmente la conveniencia de ese artículo: lo bien que funcionará, cómo beneficiará a las personas, las ventajas que proporcionará y lo genial que le vendrá a la persona que lo adquiera.

No asustes al bolsillo de tu cliente. Evita vender en este momento. Limítate a resaltar las cualidades del producto para que el cliente potencial se lo imagine como algo excepcional. La idea y el objetivo de esta etapa es despertar la inclinación en el cliente potencial, hacer que se le haga la boca agua con tu producto, hacer que empiece a sentir que le gustaría tenerlo. Tienes que colocarlo en la posición adecuada para que lo desee con ansia.

Una vez oímos una historia de dos sureños que ilustra este punto. Los dos iban a lomos de la misma mula cuando volvían a casa del trabajo. Uno comenzó a contar la historia de un pollo asado que había comido la noche anterior. Recreó toda la situación y la narró con todo lujo de detalles. Contó que el pollo era gordo y tierno, que primero lo habían salpimentado y luego lo habían asado en el horno, que tenía un aspecto jugoso y dorado, que olía impresionantemente bien, que lo habían servido «con una salsa muy sabrosa» y, por último, que sabía a gloria cuando le hincó el diente. El otro sureño mostraba cada vez más signos de inquietud a medida que avanzaba el relato y se imaginaba en primer plano el pollo, luego imaginó el maravilloso olor que desprendía y después el extraordinario *sabor* de ese manjar. Finalmente gimió y gritó: «¡Cállate, narices! ¿Quieres que me caiga de boca de esta mula?».

Este es el punto: debes hacer que tu cliente potencial vea, huela y pruebe el pollo que tienes en el horno hasta que esté listo para «caer en la trampa».

Las palabras que describen la acción, el gusto, los sentimientos o, de hecho, cualquier cosa relacionada con las percepciones sensoriales, tienden a despertar la imaginación.

Como vendedor debes cultivar el arte de ver, saborear o sentir realmente tus productos en tu imaginación mientras hablas y vendes. De este modo introducirás imágenes poderosas en la mente de tu cliente potencial. La imaginación es contagiosa. Las descripciones de sensaciones o sentimientos tienden a despertar una respuesta favorable y una representación en la mente de los demás, como la sugestión.

¿Nunca se te han despertado la imaginación y el deseo por la descripción que te han hecho de algo? ¿No has querido ver, sentir saborear eso que te han descrito? ¿Nunca *sentiste* el efecto de palabras como: «delicioso, fragante, exquisito, dulce, suave, vigorizante», etc., en un anuncio? ¿Cuántos jóvenes se han visto empujados a contraer matrimonio por una ilustración o una imagen de un «hogar feliz»; «una joven esposa que te recibe en la puerta»; «niños pequeños agrupados a tu alrededor», y todo lo demás?

Se dice que un conocido vendedor de muebles a plazos de Chicago es psicológicamente responsable de miles de bodas gracias a sus sugestivas imágenes del «hogar feliz» y su amable declaración de que: «Nosotros decoraremos su nido»; y «Usted encuentre su pareja, que nosotros haremos el resto».

El vendedor que «pinte imágenes brillantes en la mente» de su cliente potencial tendrá éxito, pues despertará la imaginación, la inclinación y el deseo.

Newman dijo acertadamente:

«Las deducciones no tienen poder de persuasión. El corazón se alcanza comúnmente, no a través de la razón, sino a través de la imaginación. Las personas nos influyen, las voces nos derriten, las miradas nos someten, los hechos nos inflaman».

Y así superamos el estadio de la Inclinación o del Deseo, por el camino de la Imaginación.

El estado mental de Inclinación o Deseo, que sigue a la excitación de la Imaginación que nace en la etapa de Consideración, puede describirse brevemente como el *sentimiento de*: «Esto parece ser algo bueno, me gustaría *tenerlo*». Esta Inclinación ha sido despertada por la demostración y la sugestión, y el cliente potencial comienza a experimentar la sensación de que la posesión del artículo aumentará su placer, comodidad, bienestar, satisfacción o beneficio.

Recuerda la afirmación sobre el deseo que hice en un capítulo anterior:

«El *deseo tiene por objeto algo que te proporcionará placer o te librará del dolor, inmediato o remoto. La aversión o el esfuerzo por alejarse de algo no es más que el aspecto negativo del deseo*». Este es el sentimiento que has despertado en cierto grado en la mente del cliente potencial. Lo has llevado a las primeras etapas de la inclinación, lo que naturalmente lo empuja a una deliberación sobre si está justificado comprarlo o no, y al punto en el que comenzará a sopesar las ventajas y desventajas de la compra —deliberará sobre si está dispuesto a «pagar el precio» por ello, que es, después de todo, la cuestión vital en casi todas las formas de deliberación que siguen a la inclinación y el deseo. Pero a medida que la mente del cliente potencial pasa a la etapa de la Deliberación, no hay que perder de vista la cuestión del Deseo, pues puede ser necesario reavivarlo o soplar sobre sus ascuas cuando se debata sobre la cuestión final de si «comprar o no».

La Deliberación es en gran medida una cuestión de conflicto de motivos, y el Deseo es un motivo poderoso, por lo que debes estar preparado para despertar una nueva fase de «querer» en el cliente potencial para contrarrestar algún otro motivo que pueda estar inclinando la balanza en la otra dirección.

Al entrar en la etapa de Deliberación o Argumento, la discusión pasa del plano impersonal al personal. La pregunta deja de ser: «¿No es esto algo bueno?» para pasar a: «¿No deberías tenerlo para ti?». Se trata de un claro cambio de módulo. El vendedor emplea en este momento un conjunto diferente de facultades. Abandona la fase descriptiva y entra en la argumentativa. Entra en la segunda acepción o fase de la Demostración, que se ha definido como: «Demostrar fielmente» y «Probar fielmente». La cuestión de la prueba y el argumento es la de si el cliente potencial no se siente justificado para adquirir el producto. La mente del interesado ya está considerando los dos lados de la cuestión. Es como Jeppe, del cual hablamos en un capítulo anterior. Es una cuestión de «mi espalda o mi estómago».

El trabajo del vendedor es demostrarle que puede y debe adquirir el artículo. Este es un procedimiento en el que se necesita el tacto, los recursos, el conocimiento de la naturaleza humana, el poder de persuasión y la lógica aplastante del vendedor.

WILLIAM WALKER ATKINSON

El vendedor tiene aquí una ventaja que a menudo pasa por alto. Nos referimos al hecho de que las propias objeciones del cliente potencial y sus preguntas dan una clave de sus operaciones mentales, clave que debe ser continuada por el vendedor. Ahora sabe lo que está en la mente del cliente potencial, y cuáles son sus sentimientos, puntos de vista e inclinaciones generales con respecto a la transacción. Cuando empieza a hablar, te da una idea de sus motivos, prejuicios, esperanzas y temores. Es todo un arte llevar al cliente potencial a hacer las preguntas o a plantear las objeciones para las cuales tú tienes argumentos y respuestas preparados.

Es un hecho psicológico que la fuerza de una declaración hecha en respuesta a una objeción interrogativa es mucho más fuerte de lo que sería la misma declaración hecha sin la pregunta u objeción.

Macbain dice:

«Se cuenta que Lincoln aprendió pronto, al comenzar a estudiar derecho, que no sabía lo que era demostrar una cosa. Mediante un estudio cuidadoso y concienzudo, en el que abordó los problemas de Euclides, uno por uno, se dio cuenta de que entonces comprendía absolutamente lo que significaba "demostrar una proposición". Uno de los jueces más eminentes de la judicatura de Iowa considera cada problema jurídico como una proposición que debe probarse mediante una cadena de razonamientos. El vendedor que determina con absoluta precisión lo que significa, en primer lugar, demostrar una proposición y, en segundo lugar, aplicar los principios generales de la demostración a un asunto inmediato que tiene entre manos. Sabe exactamente hasta dónde llegar al hacer su demostración, qué incluir y qué excluir. Puede ver en el ojo de su mente la cadena de pruebas que está formando y hará que ese tejido de su mente sea exacto, lógico y convincente».

(Nota: Con el fin de entrenar al estudiante en el *Arte de vender más* en el pensamiento lógico, el desarrollo de las facultades lógicas, y el arte de expresar sus pensamientos de una manera lógica y eficaz, sugiero que haga una investigación sobre el resto mis libros, pues en ellos aporto más detalles acerca de la importancia de los pensamientos en la creación de nuestra vida).

Se verá que el campo de discusión en esta etapa de la deliberación abarca no solo el tema del valor y la utilidad de la mercancía o la propuesta, sino también la cuestión del precio, la conveniencia de la compra en este momento, las ventajas especiales que se poseen, el mayor peso de las supuestas desventajas y, de hecho, toda la cuestión de la compra de principio a fin. Sin embargo, lo único que debe tener en mente el vendedor es: «¡Esto le vendrá bien, esto le vendrá bien, esto le vendrá bien!». Sigue martillando este clavo, de cien maneras, y mantenlo a la vista desde cien puntos de vista y ángulos diferentes. En definitiva, es la esencia de todo el argumento. No permitas que te desvíen de esta proposición esencial, aunque el argumento se extienda por un amplio campo.

El punto es que: (1) *la cosa es buena*; (2) *el cliente potencial la necesita*; y (3) *que tú le haces un gran favor al hacerle ver que la necesita*. Una vez conocimos a un vendedor de seguros de vida con mucho éxito que solo tenía dos puntos en su discurso de venta. Eran estos: (1) «El seguro de vida es una necesidad» y (2) «Mi compañía es sólida». Dejaba de lado todos los demás puntos por considerarlos irrelevantes, e insistía con todo su corazón y su alma en sus dos puntos. No era un hombre educado, ni estaba versado en los tecnicismos de los seguros de vida, pero conocía sus dos puntos desde el sótano hasta la buhardilla. Superó a muchos hombres con mentes cerradas y conocimientos amplios. Siguió la política de la «bala de fusil», en lugar del plan de la «pistola». Cuando daba en el blanco, dejaba una marca.

La actitud mental positiva del vendedor es el poder que se esconde detrás de sus argumentos. Es su entusiasmo lo que enciende la imaginación y el deseo del cliente potencial. Y, detrás de esto, debe estar siempre la fe en su propia propuesta. El vendedor debe «venderse a sí mismo» una y otra vez, como ha sugerido Holman. Debe responder a todas las objeciones que se le ocurran, así como a las que se le planteen en su trabajo. Si la mercancía es correcta, debe haber una respuesta a cada objeción, al igual que hay una jugada de retorno para cada movimiento en el ajedrez, y siempre hay «otro lado» para todo. Debes encontrar esta jugada, y esta «otra cara» a cada objeción a tu propuesta. Y debes «venderte» una y otra vez, como nunca me cansaré de repetir.

La dirección de National Cash Register dice a sus vendedores:

«Vender cajas registradoras es un trabajo serio y directo. Tú tienes que hacer una declaración sencilla de los hechos de los cuales estás convencido que son verdaderos. Debes ser tan sincero como si fueses un clérigo predicando el evangelio. Si lo haces con este espíritu de sinceridad, el cliente potencial sentirá la importancia de lo que dices. Debes tener claro que el beneficio será mucho mayor que el dinero que tendrán que pagar por este producto, pues ayudará de forma considerable al comerciante que lo compre».

Pierce dice:

«Así pues, en la venta es absolutamente esencial ser genuino. Lo primero, lo último y lo más importante es **ser auténtico**. Practica absolutamente lo que predicas. Sé honesto. Nunca te hagas cargo de una línea de productos que no puedas respaldar con entusiasmo. De lo contrario, no podrás "venderla"».

Venderse a uno mismo es necesario por todos los medios. Los estudiantes nos han preguntado: «¿Debes ser honesto cuando el cliente te hace una pregunta que sabes en tu corazón que no puedes responder directamente? La respuesta es: Suelta esa línea de productos; *cuanto antes, mejor.*

Es cierto que hay personas que «llevan ropas del cielo para servir al diablo» y que practican la autohipnosis sobre sí mismas hasta que llegan a creer que defienden una propuesta honesta en lugar de la «falsa» que proponen. Y muchas de estas personas se lanzan con tanta seriedad a su actuación que persuaden a sus víctimas mediante su seriedad. Recordemos el cuento de Bulwer sobre el mendigo francés cuyas lágrimas hacían estragos en los corazones de sus susceptibles víctimas. «¿Cómo eres capaz de llorar a voluntad?», le preguntaron. «Pienso en mi pobre padre, que ha muerto», respondió. Bulwer añadió a esta historia: «¡La unión del sentimiento con la habilidad para estafar hizo de aquel francés una criatura de lo más fascinante!». Pero toda cosa auténtica debe tener su falsificación. La existencia de esta última solo sirve para probar la primera. El éxito de los "J. Rufus Wallingford" de la vida real es más que igualado por su caída final. Ninguna persona puede seguir prostituyendo sus talentos y ser feliz, o incluso tener éxito en última instancia. La Ley de la compensación está en pleno funcionamiento. No, no estamos predicando. Únicamente nos permitimos un poco de filosofía, eso es todo.

Pasemos ahora a la etapa del Cierre del vendedor, y a la Decisión y Acción del cliente potencial.

CAPÍTULO X
EL CIERRE

El «cierre» es una etapa de la venta que provoca temor para la mayoría de los vendedores. De hecho, algunos de ellos se contentan con llevar al cliente potencial hasta el punto en el que roce la decisión y la acción, para más tarde desanimarse y abandonar. Lo hacen por miedo escénico al hecho de «cerrar». Para no perder la venta, desesperados llaman al director de ventas para que venga y cierre el acuerdo. Llevan el coche a la gasolinera para después no atreverse a echarle gasolina…

Si bien es cierto que la etapa de cierre es delicada e implica una estrategia psicológica más práctica y sutil, estoy seguro de que la mayoría de los «gatillazos finales» se deben a que los vendedores se autosugestionan negativamente. No dejan de decirse «que no lo conseguirán, que al final algo se torcerá», y cosas por el estilo. Y, como es natural, ese bombardeo mental acaba teniendo éxito y no consiguen la venta y algo se tuerce. Muchos vendedores caen derrotados por sus propios temores más que por el cliente potencial.

Esta etapa de la venta necesita una reserva de entusiasmo y energía extra. ¡Y mucha fortaleza mental!

Como escribió Holman en una ocasión:

«El general Grant dijo que, en casi todas las batallas, después de horas de lucha, llegaba un momento crítico en el que ambas partes estaban agotadas, y que el bando que se preparaba en ese momento y golpeaba con fuerza ganaba. Esto es igual en la venta. Un buen vendedor conoce ese momento crítico y golpea».

La principal causa de que no se obtenga una decisión favorable del cliente potencial —en la primera de las dos etapas finales del cierre— es que el vendedor no ha hecho su mejor trabajo en las etapas preliminares de la demostración. No ha demostrado la propuesta adecuadamente, o no ha despertado la imaginación y la inclinación del cliente potencial en una medida suficiente. Muchos vendedores descuidan el proceso preliminar de la demostración por su ansia de «cerrar el negocio», pero esto es un gran error, puesto que **ninguna estructura es fuerte si tiene unos cimientos endebles**. El cierre debe ser la conclusión lógica y potente de las etapas anteriores. Debe ser como el resultado de un problema matemático que ha sido cuidadosamente planteado. Por supuesto, es imposible que un vendedor «venda a todos», por la propia naturaleza de las cosas, pero el hombre medio podría vender a un mayor porcentaje de clientes potenciales si se fortaleciese sobre todo en etapas preliminares que conducen al cierre y en el cierre propiamente dicho.

La esencia del fracaso con el cliente potencial en el cierre es esta: **No lo han convencido**. ¿Por qué, cuál ha sido la causa? Si eres capaz de responder a esta pregunta, tendrás la clave del problema. No has conseguido que desee suficientemente tu producto. ¿Por qué, cuál es la razón? Si consigues que «quiera» el artículo, el trabajo está casi hecho. Puede que el error radique en que no has conseguido transmitir tu propio deseo con suficiente fuerza, quizá le hayas dicho al cliente una y otra vez «Esto es algo bueno, deberías tenerlo", pero ¿le has hecho VER realmente que es algo bueno y que debería tenerlo? Una cosa es decirle a una persona estas cosas, y otra es reproducir tus propias creencias en su mente, incrustar tus ideas y tu visión en su cabeza.

El cambio de la charla de lo que afecta a la Deliberación por parte del cliente potencial a lo que influye en su Decisión es un asunto delicado. Hay un «momento psicológico» para el cambio que algunos parecen percibir intuitivamente, mientras que otros tienen que aprenderlo con la experiencia. Es el punto crítico de equilibrio entre hablar «lo suficiente» y hacerlo «demasiado».

Por un lado, el vendedor debe cuidarse de un cierre prematuro y, por otro, debe evitar «perder la venta» después de haber realizado la venta psicológica. Algunos se inclinan por uno de estos defectos y otros por el otro. El vendedor ideal encuentra el punto de equilibrio entre ambos.

Si el vendedor intenta hacer un cierre prematuro, probablemente fracasará en provocar el deseo completo y la deliberación cuidadosa en la mente del cliente potencial.

Como puntualizó una eminencia sobre el tema... «este comportamiento es tan errático como el de un abogado que pronuncia su discurso de conclusión ante el jurado antes de haber presentado las pruebas». Alguien entrenado en este tipo de cuestiones siempre se moverá con seguridad y rapidez hacia el cierre.

Por otra parte, si el vendedor persiste en hablar, divagando sin parar, después de haber expuesto un punto particular, o todos sus puntos, corre el riesgo de perder la atención y el interés de su cliente potencial, y con ello la inclinación y el deseo recién despertado. James H. Collins, en un reciente artículo en *The Saturday Evening Post*, relata la siguiente divertida anécdota que ilustra esta tendencia por parte de los vendedores:

«La experiencia de un promotor inmobiliario que vende propiedades en Nueva York a inversores de otras ciudades por medio de un equipo de vendedores demuestra la facilidad con la que se puede convencer a un cliente de que no compre. Uno de sus empleados le informó de que no pudo cerrar el trato con un anciano alemán en Pittsburg. "Le he explicado todo el proyecto y hasta lo he llevado a la propiedad para que la vea —dijo el vendedor—. Entiende las posibilidades, pero aun así no invierte". La siguiente vez que el promotor estuvo en Pittsburg llamó a este inversor y fue a visitarlo acompañado de su vendedor. Este último explicó de nuevo la propuesta de forma exhaustiva, y se esforzó por ser claro y convincente. De vez en cuando, el inversor intentaba interrumpirlo, pero el vendedor seguía diciendo: "Aguarde un momento y enseguida le comentaré ese punto". Cuando terminó la historia, recapituló todo. Cuando la dio por concluida, empezó a reanudar el resumen, preparándose para abalanzarse sobre el anciano. Aquí el jefe sintió que el inversor realmente quería ser escuchado, así que interrumpió al vendedor: "Charlie, supongo que, si el señor Conrad no se da cuenta de las magníficas oportunidades que ofrece el sector inmobiliario de Nueva York después de todo lo que le has contado, no tiene sentido robarle ni un minuto más de su tiempo". "¡Por Dios! —protestó Conrad—. Me doy cuenta de ellas. Lo que quería decir es que quiero todas esas parcelas, ¡que las compraré todas!"».

Hay un sexto sentido o facultad intuitiva desarrollada en muchos buenos vendedores que tiende a informarles cuando han dicho lo suficiente en una línea particular, o en todo el tema. En medio de una frase o después de la conclusión de una declaración, uno notará un cambio sutil e indefinible en la manera o expresión del cliente potencial que le informa de que es el momento de parar y «resumir» o recapitular brevemente. Y esta «recapitulación» debe hacerse sucintamente y al punto, de manera seria. Debe hacerse en un orden y una secuencia lógicos, y cada punto debe ser introducido como un mazo de convicción. Hay que incidir especialmente en los puntos en los que el interesado haya parecido seducido durante la demostración.

En resumen, debe seguir el espíritu del abogado en su discurso de conclusión, en el que resume sus puntos fuertes, siempre con un ojo puesto en el jurado, al que ha observado cuidadosamente en busca de señales de interés durante el desarrollo del juicio. El carácter de cada miembro del jurado está representado por una facultad en la mente del cliente potencial. Cada uno debe ser apelado a lo largo de sus propias líneas particulares.

La percepción del «momento psicológico» de cierre de la charla de venta es similar a la del abogado que lleva a su jurado hasta un clímax dramático y lógico, para detenerse luego. **Evita crear un anticlímax**.

El señor Collins, en el artículo de la revista mencionado hace un momento, dice:

«El principal defecto del vendedor que tiene dificultades para cerrar es, por lo general, que no sabe cuándo ha llegado el momento psicológico de apurar a su cliente. Este es un momento muy concreto en cada trato. Los vendedores veteranos lo miden de varias maneras, algunos por la atención que reciben sus argumentos, otros por alguna señal en los ojos del cliente, y otros incluso por una especie de sexto sentido que rara vez los lleva a equivocarse.

Si el mecanismo de una venta representativa pudiera ponerse al descubierto para su estudio, probablemente se aproximaría al mecanismo del universo en esa teoría material por la que los filósofos explican todo hasta el punto en que es necesario un ligero empujón para ponerlo en marcha eternamente. La venta que no se cierra está técnicamente completa salvo por el empujón que hace que el pedido se materialice. Las ventas pueden realizarse mediante la exposición paciente de los hechos, construyendo el caso de los productos. Pero para cerrarlas muy a menudo se necesita un verdadero empujón o patada. La lógica sirve hasta el momento en el cual hay que apurar al cliente».

El problema con algunos clientes es que prácticamente han tomado la decisión, pero no saben que lo han hecho.

Es decir, han aceptado las premisas del argumento, han admitido la lógica del argumento y de la demostración que le sigue, no ven la posibilidad de escapar de la conclusión, pero aún no han liberado el resorte de la decisión formal que resuelve el asunto con un clic mental. **El trabajo del vendedor provocar este clic mental**. Es la etapa en la que el asunto se «plantea» de forma justa y directa al cliente potencial. Es una situación que exige valor por parte del vendedor, es decir, valor aparente, ya que después de todo es una especie de farol por su parte, ya que, aunque gana si el cliente potencial dice «Sí», no pierde necesariamente si la respuesta es «No», ya que el vendedor, al igual que el amante, nunca debe dejar que un «No» lo desanime. «Nunca aceptes un ¡No! por respuesta», dice la vieja canción, y vale la pena que el vendedor lo recuerde.

> El clic de la decisión se produce a menudo cuando el vendedor «plantea» alguna pregunta o afirmación contundente al cliente potencial, que, como se dice popularmente, «lo pone de pie».

En algunos casos se puede emplear la Sugerencia de imitación en esta etapa mostrando pedidos de otros, siempre que sean de importancia. A algunas personas no les gusta esto, pero la mayoría se dejan influenciar por el ejemplo de otros y la sugestión imitativa prevalece y hace bajar el listón de la decisión. En otros casos, el vendedor cree que es ventajoso adoptar un tono serio y frío, manifestando un espíritu similar al de un trabajador responsable en una reunión importante, y poniendo su mano en el brazo del cliente potencial, tratando de darle a entender que haga esto por su propio bien. Con algunos clientes potenciales este plan de poner la mano sobre él con un espíritu fraternal, y mirarlo seriamente a los ojos, da como resultado un empuje final para la convicción y la decisión. Quizá sea por dar la impresión de ser más bien un consejo amistoso. Sin embargo, a otros clientes les repele semejante familiaridad. Hay que conocer la naturaleza humana para utilizar este método con eficacia.

> Nunca intentes cerrar la venta en presencia de sujetos ajenos a la empresa. Aplázalo siempre hasta que el cliente potencial esté solo y tenga toda tu atención. Es imposible llegar al vínculo «corazón con corazón» en presencia de otras personas.

A veces se puede lograr la decisión formulando preguntas precisas y apropiadas, cuya respuesta debe servir para zanjar el asunto. Pero al plantear estas preguntas, ten siempre cuidado de no formular una pregunta que pueda responderse de forma rápida con un «No». Nunca digas: «¿No quiere comprar?» o «¿No puedo venderle?». Estas preguntas y otras similares dan la impresión de una respuesta negativa: hacen que sea demasiado fácil para el cliente potencial decir «No». Recuerda lo que hemos dicho en otra parte sobre las sugerencias de las preguntas. No olvides el horrible ejemplo de «Usted no quiere comprar nada hoy, ¿verdad?». Y recuerda también que una pregunta precedida de una declaración afirmativa tiende a suscitar una respuesta afirmativa. Como, por ejemplo: «Hace un buen día, ¿verdad?» o «Este es un bonito tono de rosa, ¿verdad?» o «Esto es una gran mejora, ¿verdad?». Al hacer la pregunta importante no muestres ninguna duda en tu tono, manera o forma de expresión. Ten cuidado siempre de crear una carretera mental negativa por la que tu cliente potencial pueda viajar. La mente trabaja a lo largo de las vías de menor resistencia. Asegúrate de trazar esa «carretera» en la dirección correcta.

En los casos en los que un amigo, con el que se ha discutido la propuesta, te ha recomendado que visites a una persona, a menudo te darás cuenta de que se necesita muy poca conversación preliminar y podrás proceder al cierre muy poco después de iniciar la conversación. En estos casos, el cliente potencial a menudo se ha «cerrado a sí mismo» sin tu ayuda. Quiere la cosa sin necesidad de que le insistan. Cuando te encuentres con esta circunstancia, da por sentado que las cosas son así y realiza la venta tal y como la harías si el cliente potencial te hubiera llamado para realizar la compra. Y, en cualquier caso, si ves que el cliente potencial se ha «cerrado en banda», corta el asunto de inmediato. Podrás ver fácilmente cuándo ha llegado esta etapa. Después de todo, el proceso de descubrir el «momento psicológico» del cierre es como el descubrimiento intuitivo del momento psicológico para «formular la pregunta» en el cortejo. En determinados instantes del cortejo surgen estos momentos psicológicos: entonces es el momento de «cerrar». Y la misma regla es válida para las ventas. Al fin y al cabo, se trata en gran medida de una cuestión de sentimientos.

Y, en la venta, como en el cortejo, recuerda también que «El corazón débil nunca se ha ganado a la dama». La fortuna favorece a los audaces. Cuando sientas el impulso psicológico del momento, ¡acércate! No tengas miedo. Recuerda la vieja copla:

Agarra una ortiga y te picará hasta las penas.

Agárrala con gallardía y quedará suave como el plumón.

Cuando llegue el momento psicológico, destierra el miedo de tu mente. Muéstrate con ánimo y sé «juguetón». Tienes que dar el paso y arriesgarte a «la propuesta» en algún momento, ¿por qué no ahora? Has hecho todo lo posible, así que adelante. Levántate y aprovecha tu oportunidad siendo el gran vendedor que ya eres. Nunca actúes como si solo tuvieses alguna oportunidad, ten una actitud mental positiva y una expectativa confiada. «¡Tú no es que puedas, es que VAS a cerrar esta venta!». Recuerda que los estados mentales son contagiosos. Contagia entusiasmo.

Si, a pesar de todo, la decisión está en contra tuya, no te desanimes. Si crees que puedes revertir la decisión con un poco más de persuasión, hazlo por todos los medios. Muchas batallas se ganan después de haberlas perdido aparentemente. Pocas mujeres esperan que sus galanes acepten el primer «no» como definitivo, y la mente de muchos compradores funciona de la misma manera. Hay una cierta timidez en las mujeres, *y también en los clientes potenciales*, que parece requerir un poco más de persuasión. Muchos clientes potenciales ceden solo en la última apelación. Son como la heroína de Byron que «diciendo que nunca consentiría, consintió».

Pero si el «no» es definitivo, tómalo con buen humor y sin mostrar resentimiento, asumiendo un espíritu de «volveré a llamar otro día», despídete cortésmente del cliente potencial y retírate. Muchas ventas posteriores se han realizado de esta manera, y muchas se han perdido por una muestra de mal carácter. Normalmente, las personas respetamos a un «buen perdedor». No te rindas ante nada que no sea un noqueo, al contrario, dale la mano al vencedor de buenas maneras, y luego procede a trazar planes para otra entrevista.

> El buen carácter y la alegría en la derrota nunca dejan de hacer amigos y de desarmar a los enemigos.

Como hemos dicho en un capítulo anterior, a veces hay un obstáculo entre la Decisión y la Acción. El espíritu de procrastinación se cuela, y el cliente potencial trata de posponer el pedido real. Supera esto **«anotando» el pedido de inmediato**. No permitas ninguna espera en esta fase. Si no es necesario firmar el pedido, anótalo en tu carpeta de pedidos lo antes posible. Ten a mano tu libreta de pedidos para que no se produzcan esperas incómodas. Evita en lo posible estos intervalos de espera. Termina con el asunto y vete.

Si se requiere una orden firmada, aborda la solicitud como algo natural. No des la impresión de estar pidiendo un favor adicional, ni de necesitar ningún argumento en relación con la firma. Trátalo como algo natural, como si el asunto estuviera acordado. No digas «tendré que pedirle que firme», etc., sino simplemente «firme aquí, por favor», indicando la línea al mismo tiempo. Algunos vendedores incluso tocan con el bolígrafo la línea, haciendo fluir la tinta y operando la sugestión con el único movimiento. Otros proceden más tranquilamente: «Veamos, señor Blank, ¿cuál es su dirección de envío (o el número de la calle)?», y añaden: «Podemos tener esta mercancía aquí para tal o cual fecha». Y mientras dicen esto, rellenan el pedido. Luego, de la manera más práctica y comercial posible, ponen el pedido ante el cliente potencial, indicando la línea para la firma, y diciendo: «Ahora, si tiene la amabilidad de firmar aquí, por favor, señor Blank». Y se acabó.

Ten siempre a mano el papel en blanco del pedido, o la libreta, y bolígrafo. Evita juguetear con el bolígrafo o la libreta, o con ambos, ya que esto sugiere una dirección equivocada. Algunos vendedores colocan el bolígrafo sobre la libreta de pedidos y los colocan fácilmente ante el cliente potencial mientras hablan. Otros colocan el bolígrafo al lado de la libreta de la misma manera.

El principio que debe observarse en todos los casos en los que hay que firmar pedidos, hacer recibos, etc., es facilitar al máximo el proceso al cliente potencial. Déjalo trabajar en la línea de la menor resistencia. Evita hacerle sugerencias «burocráticas», formales, etc. Actúa según el principio del joven que, cuando pide dinero a su padre, lo dice muy suave y *rápidamente*: «veinte dólares, por favor», como si fueran veinte centavos. Elimina todo tipo de retraso y fricciones, y adopta siempre una actitud mental positiva.

En cuanto a la controvertida cuestión del intervalo entre la decisión y la acción, y el frecuente fracaso en la toma de acción —cuestión que, por cierto, es primordial para el cierre— te pido que leas con detenimiento lo siguiente, escrito por el magnífico profesor William James, el eminente psicólogo:

«Sabemos lo complicado que es levantarse de la cama una mañana helada en una alcobas in calefacción, y cómo por naturaleza todos nos quejamos en esa situación. Probablemente la mayoría de las personas han permanecido así algunas mañanas durante una hora, incapaces de tomar la decisión de levantarse. Pensamos en lo tarde que llegaremos, en cómo este retraso afectará a nuestras tareas diarias; nos decimos: "Tengo que levantarme, esto es una vergüenza", etc.; pero aun así el cálido edredón transmite una sensación demasiado deliciosa y el frío exterior nos parece demasiado cruel, así que nuestra voluntad se esfuma, de modo que posponemos una y otra vez todo lo que sabemos que tenemos que hacer, empezando por abandonar la cama.

Ahora bien, ¿cómo *conseguimos levantarnos* en tales circunstancias? Si se me permite generalizar a partir de mi propia experiencia, la mayoría de las veces nos levantamos sin ningún tipo de lucha o decisión. De repente nos damos cuenta de que *tenemos que levantarnos, así que lo hacemos sin más*. Se produce un afortunado lapsus de conciencia. Nos olvidamos tanto del calor como del frío. Caemos en alguna ensoñación relacionada con la vida, en el curso de la cual se nos cruza la idea: «¡Eh! No debo seguir acostado aquí», una idea que en ese afortunado instante no despierta sugerencias contradictorias o paralizantes y, por consiguiente, produce inmediatamente sus efectos motores apropiados. Ha sido nuestra aguda conciencia, tanto del calor como del frío, durante el período de lucha, lo que paralizó entonces nuestra actividad y mantuvo nuestra idea de levantarnos en la condición de **deseo** y no de **voluntad**. En el momento en que estas ideas inhibidoras cesaron, la idea original surtió sus efectos. Este caso me parece que contiene en forma de miniatura los datos de toda una psicología de la volición o acto de voluntad».

El profesor James, por otro lado, nos da la siguiente pista adicional para el proceso de transmutación de la Decisión en Acción:

«Llamemos a la última idea que en la mente precede a la descarga motora "la señal motora". No puede caber duda alguna de que la señal puede ser una imagen del tipo residente o remoto».

Se verá entonces que el «indicio motor» que libera el resorte de la Acción —el gatillo mental que dispara la pistola de la voluntad— puede ser fácilmente alguna idea remota sugerida a la mente, como por ejemplo la vista de un bolígrafo inclinado sobre una libreta de pedidos.

El hombre quiere salir de la cama, pero no tiene ganas de hacerlo y su mente se vuelve inactiva en la cuestión. Si algún amigo le hubiera dicho: «Vamos, levanta ya, holgazán», o si su mente lo hubiese distraído repentinamente por algún sonido del exterior, habría salido de inmediato. **Cambia su línea de pensamiento**. Cualquier nuevo impulso tenderá a hacer que esa persona supere su período de vacilación mental de «quiero, pero al mismo tiempo no quiero».

Puede que con todo esto que te he explicado te haya dado el apunte psicológico de este asunto. Tú debes adaptarlo a tus propios requisitos.

Aprende a mostrar a tu cliente potencial algo que lo haga saltar de la cama. Aprende a mostrarle algo que te ayude a vencer su desconfianza. Dale la «señal motriz» proporcionándole una imagen mental, «ya sea del tipo residente o remoto». Como el niño que tiembla antes de lanzarse al río, tú solo necesitas un «pequeño empujón» para lanzarte.

Y ahora, a modo de conclusión:

Tienes el pedido firmado, pero debes continuar con tu Actitud mental positiva hasta que desaparezcas de la vista del cliente potencial. No te pongas efusivo ni te vuelvas sensiblero, como hemos visto hacer a los vendedores. Mantén el equilibrio y agradece a tu cliente con cortesía, pero no como si fueses un indigente que ha recibido una limosna. Prosigue con la buena impresión y el respeto hasta el final.

Cuando dejes al cliente potencial, vete con este pensamiento grabado en tu mente: «Le he hecho un favor a esta persona». El cliente potencial captará estas sutiles vibraciones, de alguna manera que no merece la pena tratar aquí, y entonces también sentirá que ha hecho lo correcto.

Evita la actitud mental de «¡Bueno, he conseguido a este tipo, muy bien, muy bien!», que se muestra tan claramente en la manera de actuar de algunos vendedores después de haber cerrado un pedido.

El cliente potencial también percibirá esas vibraciones y no le gustará, se resentirá, con toda lógica.

En resumen, debes seguir el consejo de andar por casa, pero científico, del veterano vendedor que dijo: «Dales azúcar para el final, déjalos con un sabor de boca agradable». Causa una muy buena última impresión, una vez que ya has dejado una gran primera impresión.

Pero —y recuerda esto también— vete cuando termine tu trabajo. No te quedes en la oficina o en la tienda del cliente potencial una vez realizada la venta. No te coloques en una posición en la que alguna objeción de última hora te obligue a hacer tu trabajo de nuevo. Ya has conseguido lo que buscabas, ¡ahora, vete!

Como dice Macbain:

«Cuando se cierra el trato con el cliente, hay que dejarlo en el menor tiempo posible (que no se pueda calificar como grosero o exageradamente rápido). Después de haber convencido a un cliente de una venta, el vendedor debe tener cuidado de que no quiera dar marcha atrás. El viejo adagio, "Deja de alabar la mercancía después de hacer la venta", es tan cierto como trillado».

Collins dice muy acertadamente sobre este punto:

«El vendedor que explica todo en exceso realmente puede vender productos a un cliente de forma excelente y cinco minutos después, charlando ya de forma distendida, perder la venta sin darse cuenta. Así que, cuando cierres una venta, vete amablemente del lugar y prepárate para la siguiente operación».

Y, siguiendo mi propio consejo, amable lector, yo, después de haber dicho mi última palabra y «cerrado» todo este asunto contigo, me voy. Te agradezco tu amable atención. Quiero dejar claro que me marcho con una idea simple en la cabeza: «te he hecho un GRAN FAVOR escribiendo este libro…».

William Walker Atkinson

ÍNDICE

Introducción 5

Capítulo I
La psicología en la empresa 9

Capítulo II
La mente del vendedor 23

Capítulo III
La mente del vendedor (continuación) 39

Capítulo IV
La mente del comprador 58

Capítulo V
La mente del comprador (continuación) 73

Capítulo VI
El enfoque previo 90

Capítulo VII
La psicología de la compra 107

Capítulo VIII

El enfoque 131

Capítulo IX

La demostración 150

Capítulo X

El cierre 172

Nos encuentras en:

www.mestasediciones.com